KB102096

히스토리텔러
박남일의
역사 블로그

생각의 기술을 키워 주는 역사적 장면 **30**

히스토리텔러
박남일의
역사 블로그

박남일 지음

살림Friends

역사 속에서 건져 올린 우리 시대의 키워드

정복자 나폴레옹이 말을 타고 달리는 그림을 책상 앞에 붙여 두는 게 유행하던 시절이 있었다. 그 그림 밑에는 흔히 "정복하지 않는 자는 정복당한다."라는 글귀가 달려 있었다. 그 섬뜩한 구호 앞에서, 당시 우등생들 상당수는 졸린 눈을 치켜뜨며 '비장한 각오'로 밤을 새워 시험공부를 하였다. 무려 30년도 전의 이야기이다. 하지만 그림 속 정복자의 뾰족한 삼각모자와, 바람에 펄럭이는 망토의 붉은빛은 지금도 선연하다.

어찌된 일인지 나는 '역사'라는 말을 듣거나 들먹일 때마다 그 그림이 눈앞에 떠오른다. 키 작은 정복자를 역사의 상징처럼 여기게 된 것은 아마도 그 그림을 어떤 역사 참고서 앞면에서 뜯어낸

까닭이리라. 하지만 무엇보다 내가 배운 역사라는 게 으레 정복과 전쟁의 냄새를 풍기는 것이었다. 그래서 나는 학창시절에 역사 공부가 싫었던 모양이다.

세계의 제왕과 정복자 등 '위대한' 통치자들의 이름이 가득 들어찬 역사책을 보면, 나는 위인들에 대한 존경심보다는 불쾌한 마음이 먼저 들었다. 또 '민족의 위대함'을 침이 마르도록 칭송하는 역사책을 보면 낯이 간지러워 견딜 수가 없었다. 더불어 시시콜콜 암기해야 할 것까지 너무 많아 역사란 내게 피곤한 대상으로 여겨지기도 했다. 나중에 알게 된 일이지만, 첫 번째의 불쾌함은 '영웅주의' 역사관 때문이었고, 두 번째의 낯간지러움은 '민족주의' 역사관 때문이었다. 또 세 번째의 피곤함은 바로 '실증주의' 역사관에서 비롯된 것이었다.

영국의 역사가 에드워드 카(Edward H. Carr)도 영웅주의나 실증주의 따위의 역사관이 싫었던 모양이다. 그래서 카는 "역사에는 대화가 필요하다."라고 말했다. 그의 견해에 따르면 역사는 결코 경직된 교관이 아니라, 친구처럼 대화하기를 좋아하는 스승이다. 그리고 그 스승은 자신과 대화하면서 제자들이 스스로 역사의 진실을 깨닫기를 바란다. 결국 그 진실이란 과거의 사실 속에 있는 것이 아니라, 현재를 딛고 선 우리들의 해석 속에 있다. 따라서 과거의 역사에 대하여 우리는 '이리 보고, 저리 보며' 여러 각도에서 살펴보아야 한다.

　그런데 사실 역사가 주는 매력은, 이즈막에 유행하는 빈티지 패션(vintage fashion)의 그것과 흡사하다. 역사에는 숙성된 포도주의 향기가 있다. 그 향기는 시각과 후각, 나아가서 우리의 지각(知覺)을 자극한다. 게다가 무한한 상상력을 발동하게 한다. 그런 향기를 체험하는 역사 공부는 즐겁고 흥미롭다. 그렇게 역사 공부를 마냥 즐길 수 있다면 얼마나 좋을까. 하지만 현실은 우리에게 그런 호사스러움을 허락하지 않는다.

　21세기 초반 한국 사회의 현주소는 '부익부(富益富) 빈즉사(貧卽死)'라는 말로 요약할 수 있다. 이 험난한 시대를 살아가는 우리에게 중요한 것은 결코 과거의 역사가 아니라 지금의 불안한 현실을 극복하는 일일 것이다. 그래서 이 책은 역사적 사건을 다루고는 있지만 결국 현실에 대해 말하고자 한다. 신자유주의, 자유무역협정, 비정규직, 사회양극화, 기후변화 등 우리가 당면한 여러 가지 쟁점과 키워드 가운데 제법 중요한 30가지를 가려낸 다음, 그것을 역사에 비벼서 생각해 보자는 것이다.

　이 책에 실린 글들은 지난 1년여 동안 어느 일간지의 역사 칼럼에 써 온 것들이다. 그러나 책으로 엮는 과정에서 역사적 장면과 함께 현실을 살아가는 우리가 생각해 보아야 할 것들을 연결시키는 데 주안점을 두어 다듬고 보완하였다. 이 시대를 살아가는 모든 이들의 혼란스러운 마음에 한 조각 교양이 될 수 있기를 바라는 마음에서다.

먹고사는 일이 참 팍팍한 세상이다. 그런 마당에 칙칙한 역사책을 독자들에게 들이미는 것도 참 못할 짓인 듯싶다. 이 책의 30가지 키워드 또한 결코 가볍지 않은 것들이다. 하지만 딱딱한 얼음은 녹여서 물로 마셔야 한다는 게 내 믿음이다. 글이라는 게 그렇다. 차가운 지식과 이성도 따뜻한 가슴으로 녹여서 내놓아야 한다. 그러다 보면, 글을 쓰는 사람이나 읽는 사람 모두 발랄한 기분으로 의미 있는 지적 체험을 누릴 수 있을 것이다. 그것은 나폴레옹 같은 '정복자'들이 우글거리는 약육강식의 세상에서 고상한 정신 세계를 지키는 길이기도 하다.

박남일

목차

제3부 역사적 장면으로 생각해 보는 문화 · 철학

일러두기

각 글의 제목 옆에 해당 주제를 바탕으로 생각해 볼 수 있는 현대 사회의 키워드를 달았습니다.

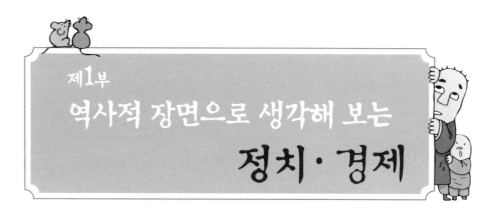

제1부
역사적 장면으로 생각해 보는
정치·경제

자유무역은 정말 '자유로운 무역'일까?

고전 경제학을 완성한 영국의 경
제학자 데이비드 리카도(David Ricardo, 1772~1823)는 "상대적으
로 생산비가 싼 비교 우위에 있는 상품을 각국이 특화하여 국가 간
무역을 하는 것이 유리하다."라고 주장했다. 이것이 이른바 '비교생
산비설(比較生産費說)'이다. 국가 간 자유무역(free trade)이 모든 국
가에 유리하다는 리카도의 주장은 이후 국제 분업과 근대 무역 이
론의 기초가 됐다.

그런데 리카도가 죽은 직후인 19세기 중반, 영국의 동인도회사
와 중국 사이에서는 기이한 형태의 무역이 전개되고 있었다. 당시
중국은 차(茶) 생산에서 절대 우위를 차지하고 있었다. 동인도회사

는 중국에 은을 주고 홍차를 사들여 영국에 보급했다. 영국인들은 점점 홍차 맛에 길들여졌다. 영국에서 차 수요가 증대하자 많은 은이 중국으로 흘러들어 갔다. 그럼으로써 한동안 중국과 영국 사이에 무역 불균형 상태가 조성되고 있었다.

그래서 동인도회사는 중국으로 흘러들어 간 은을 회수하는 방법을 생각해 냈다. 인도 벵골 지방의 농민들에게 양귀비를 재배시키고 그것을 전매 형식으로 중국에 수출하는 방법이 그것이었으니, 이는 인도 농민에 대한 지배력을 이용하여 절대 우위에 있는 새로운 수출품을 개발한 것이었다. 동인도회사는 그 상품으로 중국과의 무역 수지 개선에 나섰다. 그 결과, 얼마 후 중국에 대한 영국의 아편 수출량은 걷잡을 수 없이 늘어났다.

은을 주고 아편을 사들인 중국인들

하얀 양귀비 꽃잎이 지고 나면 그 자리에 동그란 열매가 맺히고, 그 열매에 칼로 상처를 내면 유액이 흐른다. '양귀비의 눈물'이라고 하는 이 액을 말린 것이 바로 아편이다. 아편은 원래 마취제나 수면제로 오래전부터 유익하게 사용되어 왔다. 하지만 본래의 용도를 벗어나 환각제로 쓰이기 시작하면서 문제의 물건이 됐다.

아편은 이미 기원전 1500년경에 약용으로 쓰였다는 기록이 남아 있을 정도로 역사가 오래된 약물이고, 13세기경에 아라비아 상인들이 의료용으로 중국에 처음 들여왔다. 그 무렵 중국의 아편 수입량은 연간 200상자 정도에 지나지 않았다. 하지만 아편이 환각제로 쓰이기 시작한 17세기부터 아편 수입량은 꾸준히 늘어났다. 특히 영국의 동인도회사가 1757년 이후 아편 전매권을 획득하면서 중국으로 반입되는 아편의 양은 급격히 증가하여, 1830년대에는 해마다 수만 상자에 이르렀다.

아편을 버릇처럼 흡입하면 육체와 정신이 마비된다. 게다가 아편은 습관성 중독을 일으키므로, 일단 그것을 피우기 시작하면 점점 사용량이 늘어나고, 그에 따라 더 많은 돈을 들여야 한다. 그렇기 때문에 아편 중독자는 결국 재산을 탕진하고 폐인이 되고 만다.

그런데도 중국의 왕족은 물론 관리, 군인, 서민 할 것 없이 아편에 중독된 자들은 소굴에 모여 자욱한 연기를 피워 올리며 벌레처럼 뒹굴었다. 어림잡아 400만~500만 명에 이르는 중국인의 정신과 육체가 아편 때문에 병들고 있었던 것이다. 청나라 황제는 아편의 수입을 금지하는 법령을 몇 번이나 발표했지만 거의 실효성이 없었다. 관리들 자신이 아편에 중독되어 있었고, 아편 밀수입을 단속하는 관리들이 상인에게 매수당하기도 했기 때문이다.

마침내 아편이라는 마약은 그것에 중독된 사람뿐만 아니라 중국 경제의 뿌리까지도 뒤흔들어 버렸다. 1830년대에는 수입량의 7.5배에 달하는 은이 중국에서 빠져나갔고, 중국의 은 값은 크게 올랐다. 문제는 일상생활에서는 동전을 주로 사용하더라도 세금은 은으로 내야 했다는 것이다. 즉, 일상 통화는 그대로인데도 세금은 은 값만큼 올라가는 셈이었다. 그러한 조세 부담은 결국 소작인이나 영세 자작농이 져야 했고, 이는 곧 그들의 몰락을 부채질했다.

자유무역의 혹독한 대가, 아편 전쟁

청나라의 황제와 관리들은 그런 위기 상황을 타개하려고 날마다 회의를 열었지만 뾰족한 대책을 마련하지 못했다. 게다가 왕권으로 아편 밀수입을 저지하기에는 이미 때가 늦었다. 영국의 상인들은 광저우〔廣州〕 앞바다의 여러 섬에 거래소를 두고 아편 무역을 계속했다. 어떤 상인들은 양쯔 강 어귀의 연안에 무역 거점을 두고 광저우 시내에 버젓이 소매점을 내기도 했다.

그러던 1839년 3월, 청나라 황실은 총독 임칙서(林則徐)를 흠차(欽差)대신으로 임명하여 광저우에 파견했다. 강경한 아편금지론자였던 그는 영국의 상선에서 아편 2만여 상자를 몰수했고, 그것에 석회를 섞어 소금물에 담근 다음 바다로 모두 흘려보냈다. 그 작업을 하는 데 무려 20여 일이 걸렸고, 광저우 앞 바닷물은 쌀뜨물처럼 뿌옇게 변했다.

그 사건의 진상은 반년이 지난 뒤에야 영국 정부에 보고됐다. 영국 정부는 중국을 상대로 군사 보복 조치를 취하기로 결정했고,

1840년 3월 영국의 군대가 출정했다. 몰려오는 영국의 함대를 본 청 황제 도광제는 덜컥 겁이 나서 임칙서를 파면하고 서역으로 보냄으로써 사건을 무마하려 했다. 그러나 영국은 군사 공격을 멈추지 않았다. 이렇게 시작된 아편 전쟁은 2년에 걸쳐 지속됐고 사상자는 무려 2만 명에 달했다. 결국 영국 함대가 난징[南京]으로 밀어닥치면서 청은 마침내 항복을 하고 말았다.

1842년 8월, 영국 군함 콘월리스 호에서 난징 조약이 체결됐다. 청은 홍콩을 영국에 할양하고 600만 달러의 배상금을 지불하며 다섯 곳의 항구를 개항하기로 약속했다. 이어 1843년에는 외교 통상 관계의 세부 조항이 정해져 영국은 영사 재판권을 인정받았다. 즉, 영국은 청의 재판권에 따르지 않아도 되고 무역품에 관한 관세율 역시 청나라가 독단으로 결정할 수 없게 된 것이다. 중국을 휘감은 어둠의 그림자는 더욱 짙어졌다.

한편 아편 무역 상인 중에 섞여 있던 청교도들은 아편을 밀매하면서 기독교를 선전하는 전단을 뿌리기도 했다. 그들은 '왼손에는 아편, 오른손에는 성경'을 들고 중국인을 탄압했다. 영국의 선교사들이 전파한 기독교는 나중에 변질되어 '태평천국의 난'이라는, 중국 역사상 가장 무섭고 참혹한 반란 사건의 도화선이 되기도 했다. 이 모든 것이 '자유무역' 때문에 치른 대가였다.

몇몇 초국적 자본가의 이익을 대변하는 FTA

자유무역이란 상품의 자유로운 이동을 위해 국가 간의 모든 보호 장벽을 걷어내 버린 무역 형태를 말한다. 또 그처럼 국가와 국가 간에 일대일로 맺은 협정을 자유무역협정(Free Trade Agreement)이라고 한다. 최근 몇 년 동안 우리나라에서도 지속적으로 논의되고 있는 FTA가 바로 그것이다. 자유무역협정은 그동안 대개 유럽연합(EU)이나 북미 자유무역협정(NAFTA) 등과 같이 인접 국가나 일정한 지역을 중심으로 이뤄졌다. 그래서 흔히 지역무역협정(RTA : Regional Trade Agreement)이라고도 부른다.

자유무역협정은 국내에서 생산력이 낮은 분야의 희생을 전제로 한다. 국내의 다양한 산업을 보호하는 모든 장치를 허물어 버리기 때문이다. 그런 점에서 업자들의 이익만을 최대한 보장해 주는 자유무역 체제는 결코 공정하지 않다. 격하게 표현하자면, 자유무역이란 결국 '센 놈'은 더욱 세게 만들어 주고 '약한 놈'은 아예 밟아 버리는 냉혹한 질서를 의미한다.

어떤 면에서 보면 무역은 그 자체가 참 무서운 것이다. '절대 우위'에 따른 것이든 '비교 우위'에 따른 것이든, 나라 사이의 무역은 한 번 시작되면 되돌리기 어려운 성질, 즉 비가역성을 가지기 때문이다. 예컨대 우리나라와 미국이 자유무역협정에 따라 식량과 쇠고기 시장을 완전히 개방한다면, 비교 우위가 낮은 우리나라의 농업과 축산업계는 심각한 타격을 받는다. 결국 우리나라의 농업과 축산업은 사양길로 접어들어 생산량이 급격히 감소하거나 아예 사라지는 사태에 이를 것이고, 따라서 우리 식량 안보는 위기를 맞게 될 수도 있다. 그렇게 되면 비교 우위는 의미가 없어지고, 절대 우위를 확보한 미국의 농축산물 가격은 별다른 견제 없이 날개를 달게 될 것이다. 즉, 자유무역 체제는 양국에 이익이 되는 것이 아니라 경쟁력이 강한 한쪽에게만 절대적인 이익을 가져다주는 것이다.

본질적으로 자유무역이란 잘못 쓰면 환각제가 되어 버리는 아편 같은 성질을 가지고 있다. 그것은 몇몇 초국적 자본가에게 단기적

이익을 안겨 주는 대신 대중의 희생을 강요한다. 자유무역은 결코 모두에게 자유로운 것이 아니다. 오늘날 세계를 들썩이게 하는 자유무역협정이 다른 형태의 아편 전쟁을 초래하지나 않을까 두렵다.

비교생산비설

영국의 리카도는 자신의 저서 『경제학 및 과세의 원리(Principles of Political Economy and Taxation)』(1817)에서 "각 나라가 자국 내에서 생산비가 비교 우위인 상품을 집중적으로 대량 생산하여 그 잉여분을 수출하고, 그 대신 외국에서 더 싸게 생산된 상품을 수입하면 무역 당사국은 모두 이익을 얻게 된다."라고 주장했다.

하지만 그것은 자본과 노동이 국경을 쉽게 넘을 수 없는 경우에만 해당되는 이론이다. 오늘날처럼 자본과 노동이 쉽게 이동할 수 있는 경제 체제에서는 필연적으로 경제력이 약한 나라가 강한 나라의 자본력에 예속된다. 더불어 장기적으로는 한 나라 안에서의 산업 간 불균형을 초래하여, 실업과 저임금, 생태계 교란 등 수많은 문제를 일으킨다.

문익점을 산업 스파이라 할 수 있을까?

"**아무 기업의** 첨단 기술이 유출되어 몇천억 원대의 손실이 발생했다."라는 뉴스는 이제 밥상의 된장국만큼이나 자주 신문 지면에 오르내리고 있다. 이런 뉴스를 만들어 내는 사람을 기술 간첩, 즉 **산업 스파이**라고 한다. 이 산업 스파이들 때문에 국내 기술이 해외로 유출될 것을 염려하여, 산업 보안을 강화해야 한다는 목소리가 높다. 이는 정글의 법칙이 적용되는 자본주의 사회의 자화상이다.

그런데 우리 역사에서 산업 스파이 '혐의'를 받고 있는 인물이 있다. 바로 고려 시대에 원에서 목화씨를 밀반입한 사람으로 알려진 문익점(1329~1399)이다. 정말 그는 산업 스파이였을까?

목화는 두 번 꽃을 피운다. 먼저 생식을 위하여 흰 꽃 또는 붉은 꽃을 피우고, 그 꽃이 지면 탐스러운 열매가 햇살에 익어 벌어지면서 또 한 번 꽃을 피운다. 눈꽃처럼 하얀 솜꽃이다. 그렇게 벌어진 껍질 사이에서 피어난 솜은 한겨울 삭풍을 막아 주는 따뜻한 옷이 된다. 갓 결혼한 부부가 꽃잠 잘 때 덮는 아늑한 솜이불이 되기도 한다. 또 우리가 입는 면 속옷이 되고, 코피를 틀어막거나 상처를 보듬을 때 쓰는 의료용 탈지면이 되기도 한다.

원나라에서 목화씨를 들여오다

목화의 원산지는 인도이다. 하지만 오랜 옛날부터 열대 지방과 온대 지방 곳곳에 전래되어 재배되고 있으며 그 품종도 다양하다. 열대 지방에는 여러해살이 관목 형태의 목화도 있다는데, 우리나라에서 재배되는 것은 대개 아욱과에 속한 한해살이풀이다. 바로 고려 시대 문신 문익점이 붓 두겁 속에 숨겨 들여왔다는, 그 유명한 목화씨의 후손들인 셈이다.

한반도에 목화가 전래된 이야기를 조금 더 자세히 살펴보자. 문익점은 1329년에 경상남도 산청에서 태어났다. 공민왕 때인 1360년에 과거에 급제하여 관리가 됐고, 1363년에는 좌정언(左正言)으로 승진했다. 그해 좌시중 이공수(李公遂)를 따라 서장관(書狀官 : 외교 사절단 중 기록을 담당하는 사람)이 되어 원나라에 갔다가, 원나라 황제에게 밉보여 강남(江南 : 중국 양쯔 강 남쪽)에서 3년간 귀양살이를 했다. 그러다가 유배에서 풀려나 원나라 수도로 돌아오던 길에 길가에서 목화씨 여남은 개를 따서 붓 두껍에 숨겨 들여왔다. 당시 목화는 원나라에서 반출을 금지하는 품목이었다. 그러므로 문익점은 목화씨 몇 알을 들여오기 위하여 신변의 위험을 감수해야 했다는 이야기이다.

이 내용이 사실이라면 중세 시대의 산업 스파이가 틀림없는 문익점은 그렇게 몰래 들여온 목화씨를 가지고 이듬해인 1364년에 진주로 내려갔다. 진주에서 그는 목화씨 절반을 장인 정천익에게 심어 기르게 하고 절반은 자신이 심었다. 그러나 정천익이 심은 씨앗 하나에서만 싹이 터 열매를 맺었다. 그 나무에 열린 씨앗 100여 개를 심고 거두기를 몇 년 동안 되풀이한 뒤, 제법 모인 씨앗을 마을 사람들에게 두루 나누어 주고 재배하게 했다.

그런데 목화 보급에는 성공했지만, 솜에서 실을 뽑고 또 그것으로 베를 짜는 기술은 알 수 없었다. 이때 '해결사'로 홀연히 나타난 사람이 원나라 승려 홍원(弘願)이었다. 우연히 진주 땅을 지나가던 홍원은 밭에 목화가 하얗게 피어 있는 것을 보고, 고향 생각에 젖어 감탄을 연발했다. 그리고 정천익의 집에 며칠간 머물며 실 뽑고 베 짜는 방법을 일러 주었다. 더불어 그 기구까지 직접 만들어 보였다.

그리하여 몇 해 만에 그 기술은 전국에 보급됐다. 이처럼 문익점은 고려인의 의생활에 혁명적인 변화를 가져오게 한 공로를 인정받아 1375년에 전의주부(典儀注簿)로 등용됐고, 뒤에 벼슬이 더욱 높아져 좌사의대부(左司議大夫)에까지 이르렀다고 한다. 그리고 조선이 창건된 뒤인 1399년에 일흔의 나이로 세상을 떠났다.

문익점의 일대기에 관한 의문들

여기까지가 문익점의 목화 반입에 대하여 흔히 알려진 이야기이다. 그런데 이에 대한 몇 가지 논란이 있다. 먼저 듣기만 해도 스릴 넘치는 그 '붓 두껍' 이야기이다. 사실 『고려사』나 『조선왕조실록』은 그가 목화씨를 몰래 들여온 것이 아니라 그냥 얻어 온 것으로 기술하고 있다. 즉, 당시의 공식적인 역사 기록 어디에도 붓 두껍에 목화씨를 숨겨 왔다는 내용은 없는 것이다.

논란거리는 또 있다. 문익점이 중국 강남에서 귀양살이를 했다는 내용이다. 『태조실록』에 나온 문익점의 졸기(卒記 : 죽은 사람의 행적을 적은 글)에 따르면, 문익점은 1363년 봄에 좌시중 이공수를 따라 원나라에 갔다가 그해 가을 돌아왔다. 그리고 이듬해인 1364년에는 진주에 내려왔다는 것이 정사(正史)에 기록된 그의 행적이다. 그 기간을 셈해 보면 강남에서 귀양살이했다는 그 3년은 정체불명의 시간이 되고 만다. 문익점의 일대기에 무언가 석연찮은 점이 보이는 대목이다. 왜 이런 논란거리가 생긴 것일까?

이는 당시의 권력 투쟁에서 비롯됐다. 예나 지금이나 늘 정치가 문제이다. 문익점이 원나라에 간 무렵에는 공민왕의 반원 정책으로 고려와 원나라 간의 긴장감이 고조되고 있었다. 원나라 순제는 공민왕에게 내린 국새를 거두고, 제26대 충선왕의 셋째아들인 덕흥군을 고려의 왕으로 책봉했다. 한 나라에 두 왕이 존재하게 된 것이었다. 그러자 공민왕은 몇 차례 사절단을 보내어 이 문제를 해결하려 했다. 하지만 원나라 황제는 매번 트집을 잡아 사절단을 억류하면서 고려를 압박했다. 공민왕은 1363년 3월에 다시 사절단을 파견했다. 하필이면 이때 문익점이 서장관으로 원나라에 가게 된 것이다.

『고려사』에 따르면 문익점은 원나라에 가서 신임 왕 덕흥군 쪽에 가담했다가 덕흥군이 패하자 1364년에 목화씨를 얻어 가지고 귀국했다. 그러나 문익점의 후손들이 1819년에 펴낸 『삼우당실기』에는 문익점이 "하늘에 두 해가 있을 수 없는 것처럼 백성에게 두 군주가 있을 수 없다."고 주장하면서 원나라 황제와 덕흥군 쪽의 압력에도 굴하지 않고 지조를 지켰다고 서술되어 있다. 그러자 원나라 순제가 문익점을 중국 남쪽 지방으로 유배 보냈고, 거기서 3년간 귀양살이를 하다가 풀려나 원나라 수도로 돌아오는 길에 목화씨를 구하여 1367년에 귀국했다는 것이다.

이처럼 기록이 다른 까닭은 서술 의도가 서로 달랐기 때문이다.

자의든 타의든 문익점이 덕흥군 사건에 연루됐을 수도 있었을 것이다. 하지만 역모 혐의로 극형을 당한 것이 아니라 그저 귀국 후 파직됐다가 다시 등용된 것을 보면, 그가 역모에 가담했다는 구체적인 증거는 없었던 모양이다. 어쩌면 '덕흥군 연루설'은 혼란한 시대가 연출한 촌극이었는지도 모른다. 그런데도 『고려사』의 편찬자들, 즉 조선의 창건자들이 문익점에게 굳이 덕흥군을 가져다 붙인 이유는 다른 데 있었다.

문익점은 백성의 삶을 변화시킨 부민주의자

이성계 세력이 위화도에서 회군하여 권력을 장악한 이듬해인 1389년, 당시 조선 건국을 준비하던 정도전과 조준 등은 권문세족과 사원에 집중된 토지를 몰수하여 경작자들에게 재분배하는 혁명적인 전제 개혁을 추진하고 있었다. 그때 문익점은 보수파의 좌장격인 이색 등과 더불어 전제 개혁에 반대하는 입장을 표명했다. 이색의 아버지인 이곡 밑에서 공부한 문익점으로서는 당연한 일이었을 것이다. 하지만 그로 인하여 조선 건국 세력은 문익점을 반혁명 세력으로 간주했고, 더불어 『고려사』를 편찬하면서 문익점의 행적을 깎아내린 것이다.

그런데 이에 반발한 후손들은 문익점의 명예 회복에 지나치게 집착한 나머지 문익점을 고려 말 충신의 대열에 세우려고 애를 썼다. 그 결과 시간의 정체가 불투명한 3년간의 강남 유배설이 나오게 된다. 또한 후대의 전기 작가들은 문익점의 산업 스파이다운 행적에 극적인 장치를 보태기 위하여 '붓 두껍 일화'를 윤색하기에 이르렀을 것이다.

이쯤 되면 논란은 어느 정도 정리된다. 문익점은 부국(富國)을 추구한 정치가나 경세가가 아니었다. 그랬기 때문에 공민왕의 개혁 때나 조선 혁명기에도 뚜렷한 정치색을 보이지 않았다. 그는 위대한 '농림가'였고, 백성의 생활이 질적으로 변화되기를 꿈꾼 부민(富民)주의자였다. 소용돌이치는 정세에 시달리는 와중에 그는 백성이 부유한 세상을 꿈꾸었다. 그런 마당에 문익점을 중세 시대의 '산업 스파이'로 몰아가는 것은 진지한 역사를 액션 영화 화면에 가두는 일일 것이다.

서로 적대적인 국가 사이에 간첩이 드나들듯 약육강식의 기업 집단 사이를 넘나드는 산업 스파이. 그들은 수단과 방법을 가리지 않고 탐욕을 추구하는 자본주의식 약탈 경제 체제의 산물이다. 이것이 자국 백성에게 따뜻한 옷을 입히고픈 가상한 마음에 목화씨 몇 개를 소중하게 들여온 문익점에게 산업 스파이라는 누명을 씌울 수는 없는 까닭이다.

산업 스파이

국내외를 가리지 않고 어떤 기업의 기술 또는 경영 정보 등을 입수하여 경쟁 회사에 제공하거나 그 회사의 경영을 교란시키는 활동을 전문으로 하는 사람을 뜻한다. 경쟁 회사에서 발행한 간행물이나 관련 보고서, 제품 분석 등 공개된 내용을 통하여 정보를 분석하고 이를 경영 전략 수립에 이용하는 것도 넓은 의미에서는 산업 스파이 활동이지만, 여기까지는 합법적인 영역에 속한다. 반면 경쟁 회사에 잠입하여 직접 누군가를 매수 또는 협박하는 행위, 스스로 기밀 서류를 복제하거나 훔치는 행위는 명백한 불법 행위로서 강력한 처벌 대상이 된다.

한편 요즘에는 상대 회사의 퇴직 사원을 포섭하거나 현직 근무 중인 직원을 스카우트하여 기밀 정보를 입수하는 스파이 활동이 많은데, 이런 것은 증거를 남기지 않아 법적으로 처리하기는 어렵지만 도덕적 논란을 야기한다. 산업 스파이 활동은 갈수록 음성화되고 있다.

유대인은 왜 죽음 앞에서
침묵한 걸까?

음산하고 우울한 풍경과 음악을 배
경으로 유대인 학살을 다룬 영화는 많다. 그런 영화들의 한 가지
공통점은, 공포의 대명사 아우슈비츠로 끌려가는 유대인의 발걸음
이 어찌된 일인지 매우 얌전하다는 것이다. 죽음에 이르는 마지막
길에서 한번쯤 격하게 저항할 법도 하건만, 그건 보는 사람의 희망
사항일 뿐이다. 물론 영화에서 의도된 이미지일 수도 있다. 하지만
실제로 죽음의 수용소로 가는 도중에 소요 사태가 일어났다는 기
록은 드물다. 나치 치하에서 희생된 유대인들, 그들은 왜 죽음 속
으로 질서정연하게 걸어 들어갔던 것일까?

영화를 보다가 드는 의문은 한 가지 더 있다. 아우슈비츠로 가는 기차의 객실 선반 위에는 유대인들이 지니고 온 갖가지 물건들이 가득하다. 귀중품을 담은 가방은 기본이다. 노동자들 곁에는 연장이, 의사 옆에는 의료 도구가, 음악가 옆에는 바이올린이 눈에 띈다. 그들의 표정은 그리 암담해 보이지 않고, 학살 현장으로 떠나는 사람들 같지도 않다. 유대인들은 왜 그렇게 태연한 표정으로 여러 가지 물건들을 애지중지 가지고 있었을까?

유대인이 죽음 앞에서 침묵한 것은 독일군의 거짓말 때문

답은 간단하다. 당시 유대인들은 아우슈비츠가 죽음의 수용소라는 사실을 잘 몰랐기 때문이다. 대도시에서 멀리 떨어져 있으면서도 철도 교통의 요충지에 세워진 아우슈비츠 수용소는 원래 나치에 저항하는 폴란드 사람들을 격리할 목적으로 1940년에 세워진 것이었다. 그러다 1941년 나치가 소련을 침공한 후에는 소련군 포로 수용소로 변했다.

그곳이 본격적인 유대인 학살 수용소로 이용되기 시작한 것은 1941년 말부터였다. 하지만 제1수용소와 제2수용소는 강제 노역 시설로 이용되고 있었고, 학살은 네 개의 가스실을 갖춘 제2수용소에서만 주로 이루어졌다. 따라서 제2수용소의 가스실이 존재하는 것을 몰랐던 유대인들은 설마 하는 마음으로 묵묵히 독일군의 지시에 따랐던 것이다.

유대인이 죽음 앞에서 침묵했던 것은 결국 독일군이 치밀하게 연출한 거짓말을 믿었기 때문이었다. 기차에 오르기 전에 독일군은 '노동력이 필요한 곳으로 집단 이주할 것'이라고 속이면서 유대인을 모았다. 그리스 계 일부 유대인에게는 우크라이나에서 상점을 열게 해 준다는 계약서까지 써 주었다고 한다. 그러면서 독일군은 소지품 크기와 개수를 제한했다. 먼 길을 떠나는 유대인은 당연히 귀중하고 값나가는 물건부터 가방에 챙겼을 터였다. 그리고 가방 주인이 사라진 뒤에 그 귀중품은 독일군 장교들의 금고 속으로 들어갔다.

또 독일군은 기차 안에서 공포심을 자극하는 거짓말로 유대인을 속였다. 수송을 담당한 독일군은 기차에 오른 유대인 수를 세는 척한 다음, 만약 한 명이라도 보이지 않으면 각 칸에서 한 사람씩 총살하겠다고 경고했다. 실제로 독일군은 승차 인원을 세지 않았다고 한다. 그러나 그 말을 믿은 유대인들은 콩나물시루처럼 북적거리는 기차 안에서 서로를 감시했고, 그들은 고스란히 죽음의 수용소에 이르게 됐다.

90만 명의 유대인이 학살당한 인간 도살장 트레블링카 수용소. 그곳에서도 독일군은 각종 거짓 표지판으로 유대인을 속였다. 그곳 플랫폼에는 다른 지역으로 가는 길을 안내하는 방향 표지판과 기차 시간표 따위가 붙어 있었다. 누가 보아도 실제 역사(驛舍)인 것처럼 꾸며져 있었던 것이다. 독일 당국은 그곳을 유대인들이 노동 수용소로 가는 도중에 잠시 머무르는 임시 수용소처럼 꾸몄다. 그리고 신분증과 귀중품은 수령증을 받고 회계원에게 맡겼다가 나중에 돌려받으라고 말했다. 더불어 '다음 기차를 타기 전에 위생을 위하여 반드시 목욕을 해야 한다.'는 등의 수칙을 표지판에 적어 놓았다. 물론 모두 새빨간 거짓말이었다.

거짓말에 대한 히틀러의 믿음

운동장에는 꽃이 만발하고 확성기에서는 고상한 음악이 흘러나오는 아우슈비츠 수용소. 100만 명 이상의 유대인이 학살당한 그 수용소에도 독일의 살인광들은 가스실 입구에 '샤워실'이라는 팻말을 달아 놓았고, '옷을 벗은 위치를 표시해 둬야 나중에 옷이 바뀌지 않는다.'는 내용의 안내문도 붙여 놓았다. 그리고 유대인들에게 비누 한 조각씩을 나누어 주며 마지막 거짓말을 했다.

"여러분의 위생을 위해 목욕부터 할 것이다."

그 거짓말을 믿은 유대인들은 가짜 샤워기가 붙어 있는 가스실 쪽으로 걸어갔다. 250명가량을 수용하는 목욕탕이 꽉 차면 살인 기술자들이 출입문을 잠그고 가스 밸브를 열었다. 그로부터 20분 남짓 후에 유대인은 모두 시체로 변했다. 그렇게 마른 풀잎처럼 쓰러진 시체들은 곧 소각장이나 매립지로 옮겨 처리됐다. 이런 모든 과정이 연달아서, 그리고 일사천리로 이뤄졌다. 그렇게 24시간을 가동하면 하루 최대 9,000명을 처리할 수 있었다고 한다.

그런데 이런 대규모 '도살 공장'을 운영하는 데 동원된 독일군 병력은 극히 적었다. 아우슈비츠 수용소의 독일군은 151명이었고, 트레블링카 수용소의 담당 인력은 고작 40명이었다. 수용소의 경비는 우크라이나 경비대를 활용했고, 시체 처리는 유대인 중에서 뽑은 작업 인부들에게 맡겼다. 물론 그들도 나중에 처형을 당했다.

이처럼 극소수가 다수를 학살할 수 있었던 것은, 지배하는 소수가 거짓말에 능숙했기 때문이었다. 그런 점에서 거짓말은 물리적

힘보다 더욱 무서운 폭력이다. 학살의 주범 아돌프 히틀러(Adolf Hitler, 1889~1945)는 자신의 저서 『나의 투쟁』에서 "거짓말의 규모가 거짓말을 믿게 하는 결정적인 요인"이라고 주장했다. 그 말을 실천하듯, 히틀러는 제2차 세계대전 직전인 1938년에 영국의 네빌 챔버레인 총리에게 "체코슬로바키아가 국경을 새로 정하는 것에 대해 협상한다면 전쟁은 피할 수 있다."라는 거짓말을 했다. 챔버레인은 영국 의회에 그 말을 그대로 보고했고, 그것을 믿은 영국을 비롯한 서방 세계가 방심한 사이 히틀러는 전쟁을 일으켜 수백만 명의 목숨을 앗아 갔다.

군중은 극적인 거짓말에 쉽게 넘어간다고 히틀러는 믿어 의심치 않았다. 게다가 그는 사람들이 작은 거짓말보다도 오히려 큰 거짓말에 잘 걸려든다고 생각했다. 군중을 매우 원초적이고 단순한 무리라고 보았던 것이다. 이 전쟁광은 "승리자는 진실을 말했는지의 여부에 대하여 질문을 받지 않는다."라고도 말했다. 오로지 이기는 것이 진리라고 생각했던 모양이다. 더불어 그는 자신이 역사 속에서 영원한 승자로 남을 줄 알았을 것이다.

현대에도 이어지는 정치가들의 거짓말

히틀러만큼은 아닐지라도 자신의 권좌를 지키기 위해서 굵직한 거짓말을 했다가 곤욕을 치른 정치가는 헤아릴 수 없이 많다. 미국의 리처드 닉슨 대통령은 워터게이트 호텔에서 열린 민주당 전국 위원회에 대한 도청 및 무단 침투 사실을 몰랐다고 발뺌했지만 곧 들통이 나서 대통령 자리를 내놓아야 했다. 이른바 '워터게이트 사건'이다. 빌 클린턴 전 미국 대통령은 백악관 인턴 직원 모니카 르윈스키와 바람을 피운 사실을 마지못해 시인하면서도 "성관계는 갖지 않았다."라고 거짓말을 했다. 하지만 그는 대통령직을 무사히 마쳤다. 닉슨 입장에서는 배 아플 일이다.

전쟁 상황에서는 이른바 '전략'이라는 이름으로 거짓말이 정당화된다. 제2차 세계대전 당시 영국 총리였던 윈스턴 처칠은 "전시에 진실이라는 것은 너무도 소중하기 때문에 가끔 '거짓'이라는 경호원을 대동하기도 한다."라고 말했다. 어쩌면 그 어록마저 거짓말일 가능성이 높다.

한국 역대 대통령들의 **거짓말** 또한 꽤나 화려해서, 이들이 국민을 상대로 행한 거짓말을 모으면 아마도 전집(全集)으로 엮을 수 있을 터이다. 게다가 이들의 권력에 동참한 수많은 권력가들의 거짓말까지 더하면 웬만한 도서관을 채우고도 남을 것이다.

정치가가 되었으므로 거짓말을 하는 것일까, 아니면 거짓말을 잘해서 유력한 정치가가 된 것일까? 오늘날에도 선거 때만 되면 공공연한 거짓말이 쏟아져 나온다. 중요한 선거일수록 거짓말의 규모도 커진다. 마치 거짓말의 성찬을 벌여 놓은 듯하다. 물론 그 숱한 거짓말은 곧 들통이 나고 만다. 하지만 유권자는 그들이 거짓말을 했다는 사실마저 곧 잊어버린다. 그리고 다음 선거에서 또 많은 유권자들이 그에게 한 표를 선물한다. 심판을 받는 사람이나 심판을 하는 사람 모두가 거짓말에 무뎌진 까닭이리라.

한국 역대 대통령들의 거짓말

1961년 5·16 쿠데타 후 박정희는 "우리의 과업이 성취되면 참신하고도 양심적인 정치인들에게 언제든지 정권을 이양하고 우리 본연의 임무에 복귀할 준비를 갖추겠다."라는 내용의 공약을 발표했다. 또 1963년 2월 27일에는 정치를 민간인에게 넘기고 자신은 대통령에 출마하지 않겠다고 선언했다. 하지만 그는 18년간 집권하며 영구 독재를 꿈꾸다 결국 부하의 총탄에 맞아 죽었다.

12·12 군사 쿠데타로 집권한 전두환과 노태우는 자신들이 저지른 쿠데타는 물론이고 5·18 광주 학살에 대해서도 줄곧 거짓말로 일관했다. 특히 전두환의 거짓말 중 지금까지도 세간의 입에 오르내리는 '히트작'은, 천문학적인 비자금 조성 혐의로 1997년에 거액의 추징금이 부과됐을 때 "내 재산은 29만 원뿐이다."라고 했던 말이다.

김영삼은 대통령 선거 직후인 1987년 12월 17일, "국민 주권을 도둑질한 파렴치하고 부도덕한 정권과는 결코 같이 일할 수 없다."라고 주장하면서 노태우 정권 타도를 외쳤다. 하지만 그는 5년 뒤인 1992년, 자신이 타도 대상이라고 지명한 세력들과 야합하여 대통령에 당선됐다. 한편 김영삼의 정적인 김대중은 1986년 11월 야권의 대통령 후보 단일화를 위하여 불출마를 선언했지만, 1987년 대통령 선거에 버젓이 출마함으로써 1년 전 자신의 발표를 거짓말로 만들어 버렸다.

명분과
실리

명분과 실리는
언제나 대립하는 걸까?

예나 지금이나 외교 관계에서는
끊임없이 명분과 실리가 충돌한다. 한국 근현대사에서 그 대표적
인 예가 1965년에 체결한 한일 협정이었다. 1961년, 정치적 격변
기를 틈타 5·16 쿠데타로 권력을 잡은 박정희는 쿠데타의 명분 중
하나였던 '경제 회복'을 위해 몇 가지 꼼수를 부렸다. 그 가운데 하
나가 '한일 국교 정상화'였다. 그리하여 1962년 11월에 당시 중앙
정보부장이었던 김종필은 한일 정상 회담을 위한 막후 협상자로
일본에 건너가서 일본 외무 장관과 비밀 협상을 벌이고는 이른바
'김종필-오히라 메모'에 합의를 해 주었다. 일본은 한국에 무상 원
조 3억 달러와 차관 3억 달러를 제공하는 것으로 35년간 한국을

역사적 장면으로 생각해 보는 정치·경제

39

식민 통치했던 것에 대한 보상을 마무리한다는 것이 그 골자였다. 그리고 이 협상 내용은 1964년까지 2년 동안 비밀에 붙여졌다.

1964년 3월 들어 한일 회담이 재개되면서 그 메모 내용이 알려지자 국민들은 정부의 굴욕적인 한일 회담에 강력히 항의했다. 3월 24일부터 서울 시내 각 대학의 학생들이 반대 시위를 벌였다. 이후 시위는 전국으로 확산되었고, 6월 3일에 그 절정에 달했다. 이날 정오 무렵에는 1만 2,000여 대학생들과 경찰 사이에 유혈 충돌이 일어났다. 그러자 박정희 정권은 시위를 탄압하기 위하여 서울 지역에 계엄령을 선포했다. 이른바 '6·3 사태'였다.

결국 박정희 정권은 국민의 거센 반발을 짓누르고 1965년 6월 22일 한일 협정에 조인한 후, 여당 국회의원만 참석한 국회에서 일방적으로 비준을 단행했다. 경제 개발 계획 추진이라는 미명하에 민족적인 명분을 버리고 구걸하다시피 일본에서 자금을 들여온 것이다. 그것은 전쟁터와 정신대로 끌려가 희생된 수많은 동포들의 영혼을 팔아먹은 행위였다. 그마저 정경 유착의 고리를 움켜쥔 몇몇 독재자들이 독식하여 '졸부들의 천국'을 만드는 밑거름으로 사용했다. 그들에게는 퍽이나 달콤한 '실리'였을 터이다.

실리 취하려 청과 삽혈 동맹 맺은 인조

'명분'과 '실리'는 조선 역사에서도 중요한 열쇠말 가운데 하나이다. 조선 역사에서 명분과 실리가 대립하는 국면은 자주 등장한다. 고려 말의 정몽주처럼 명분 하나에 목숨을 던진 이도 많다. 그런데 '명분'과 '실리'의 대립으로 인해 조선 조정이 가장 시끄러웠던 때는 인조반정부터 병자호란에 이르는 10년 남짓한 시기일 것이다.

17세기 초반에 명나라는 노쇠해 가고 있었다. 그 사이 만주 일대에서 일어난 여진족은 국호를 후금으로 고치고, 누르하치와 그의 아들 홍타시가 명나라에 도전장을 내밀었다. 그런 한편으로 후금은 조선을 침략하여 배후를 확보할 기회를 엿보고 있었다.

그 무렵 조선의 임금 광해군은 나름대로 '좋은 정치'를 시도하고 있었다. 그는 당파를 초월하여 재능 있는 인사를 요직에 두루 기용함으로써 권력의 발판을 다졌다. 그런 다음 명과 후금 사이에서 등거리 외교를 펴며 복잡한 국제 정세를 현명하게 헤쳐 나갔다. 그러나 그는 자신의 지지 기반인 북인의 당론에 따라 형 임해군과 동생 영창대군을 죽이고, 계모 인목대비를 유폐함으로써 정적들에게 쿠데타의 '명분'을 제공하였다. 그 기회를 놓치지 않고 김류, 이귀 등 서인 세력은 임금의 패륜을 응징한다는 '명분'으로 1623년 3월에 인조반정을 일으켰다. 그들은 무력으로 광해군을 폐위하고 능양군을 왕위에 올렸으니, 그가 곧 인조이다.

명분을 부르짖으며 새롭게 들어선 인조 정권은 광해군의 '양다리' 외교를 비판하며, '존명(尊明) 외교'로 회귀했다. 그것은 신흥 세력인 후금을 적으로 돌리는 결과를 가져왔다. 그리하여 후금은 1627년 1월 13일에 3만의 군사로 조선을 침략했고, 그것이 바로 정묘호란이다. 갑작스런 사태에 인조는 일단 강화도로 피신했다. 그러자 후금 쪽에서는 조선에 '형제의 의'를 맺을 것을 요구하는 서한을 보내왔다.

사대의 명분에 집착한 나머지 저물어 가는 명나라에 대한 애착을 버리지 못했던 조선 조정은 궁지에 몰렸다. 명분도 좋지만 당장 나라의 존망이 위태로운 상황이었다. 그리하여 중신들 사이에서는 '화의론(和議論)'과 '주전론(主戰論)'이 맞붙었다.

실리를 추구한 최명길(1586~1647)은 이렇게 말했다.

"지금 조선은 어떤 전쟁을 수행할 준비도 되어 있지 않습니다. 버티면 버틸수록 피해가 클 수밖에 없을 것입니다."

명분에 따라 쿠데타를 도모했던 최명길이 호란을 맞아서는 명분을 버리고 화의를 주장한 것이었다. 그러자 명분론자 김상헌(1570~1652)이 반박을 하고 나섰다.

"명분과 의리는 만사의 기본입니다. 위기가 닥쳤다고 해서 절의를 꺾고 임시변통으로 살아남는 것은 선비로서 취할 바가 아닐 것입니다."

양측의 의견이 팽팽하게 맞섰지만 인조는 결국 최명길의 손을 들어 주었다. 실리론이 한판승을 거둔 것이다. 화친이 결정되자 최명길은 직접 국서를 품에 지니고 후금군의 진영으로 갔다. 그리고 후금의 장수들과 짐승의 피를 나누어 마시고 입가에 바르며 형제의 의를 맹세했다. 기마 민족의 전통적 의식인 '삽혈(歃血) 동맹'을 치른 것이었다. 그렇게 조선은 후금과 '형제의 나라'가 되어 정묘호란에서 벗어났다. 하지만 초창기 인조 정권의 명분론은 곧 모순에 빠졌다.

명분 내세우다 병자호란 불러

한편 점점 강성해진 후금은 드디어 중국 대륙에서 주도권을 장악하고, 조선에 군신 관계를 요구하며 엄청난 조공과 3만 정병을 차출하려 했다. 그러자 조선 조정에서는 다시 주전론이 고개를 들기 시작했다. 그러던 1636년 2월, 후금의 사신 용골대가 청나라의 건국을 알리는 국서를 가지고 오자, 사신을 영접하는 일을 놓고 명분과 실리가 다시 맞붙었다. 그리고 이번에는 명분론이 이겼다. 그리하여 조선은 청의 요구를 묵살하고 사신 용골대에게 모멸감을 주어 돌려보냈다. 한번 해보자는 것이었다.

그러나 명분의 대가는 참혹했다. 보복을 작정한 청 태종이 그해 말에 10만 대군을 이끌고 쳐들어옴으로써 병자호란이 시작된 것이다. 청군의 파죽공세에 왕족은 강화도로 피난을 갔다. 며칠 뒤 인조도 그 뒤를 따르려 했지만, 청군은 이미 강화도로 가는 길목을 막고 있었다. 할 수 없이 왕과 세자 일행은 남한산성으로 몸을 피했다.

뒤이어 남한산성으로 들이닥친 청나라 대군은 산성을 포위한 채 인조의 항복을 종용했다. 성 안의 조선 군사들은 추위와 굶주림에 지쳐 갔다. 이때 최명길과 김상헌 사이에 다시 심각한 논쟁이 벌어졌다. '인조반정'의 연출자로 인조의 신임을 얻고 있던 이조판서 최명길은 물론 화의를 주장했다. 반면 예조판서 김상헌은 강화를 하더라도 먼저 싸운 뒤에 하자는 주장을 굽히지 않았다.

설전은 마침내 강화론으로 귀결됐다. 매서운 추위가 몰아치는 산성의 구석진 방에서 최명길은 떨리는 손으로 항복 문서를 작성한다. 그때 김상헌이 통곡을 하며 최명길의 손에 들린 항복 문서를 찢어 버린 일화는 유명하다. 김상헌의 그런 태도에 대해 최명길은 이렇게 말했다.

"대감은 찢으시오. 줍는 일은 내가 하리니……"

김상헌의 완강한 반대를 뒤로 하고 인조는 항복 문서를 들고 삼전도의 수항단에서 굴욕적인 항례를 했다. 그로써 조선은 청나라에 복속됐다. 치욕을 견디지 못한 김상헌은 식음을 전폐하고 자살을 시도하기도 했다가 결국 산 속으로 들어가 버렸다. 그러던 1638년, 청에 대한 군사 지원에 다시 분연히 반대하던 김상헌은 요주의 인물로 지목되어 청나라 심양(瀋陽)으로 끌려가고 말았다.

명분도 실리도 없는 기회주의적 태도가 문제

한편 삼전도의 굴욕 뒤 정계에서 물러났던 최명길은 1642년에 영의정에 올랐으나, 비밀리에 명나라와의 외교를 시도한 것이 청에 발각되어 이듬해에 역시 심양으로 끌려갔다. 마침내 명분론자 김상헌과 강화론자 최명길은 이국 땅 심양의 감옥에서 마주쳤다. 반가움과 원망이 교차하는 중에, 최명길은 창살에 걸려 있는 달을 바라보며 시 한 수를 읊었다.

"끓는 열탕이든 찬 얼음이든 모두 물이로다. 가죽옷이든 삼베옷이든 모두 같은 옷이로다."

두 사람은 이국의 감옥에서 그간의 모든 오해를 풀고, 1645년에 소현세자 일행과 함께 고국으로 돌아왔다.

실리주의자 최명길은, 대세를 거스르고 청과 맞서는 것은 계란으로 바위를 치는 일이라고 여겼다. 하지만 명분론자인 김상헌은 의리와 명분을 위해서라면 바위를 향해 몸을 던지는 게 사대부의 길이라고 생각했다. 그렇다면 나라가 망해 갈 때에도 끝까지 저항하는 것이 위정자의 길일까? 아니면 잠시 명분을 접더라도 나라의 존립을 유지하는 것이 바람직한 것일까?

참 난감한 질문이다. 어느 쪽이든 일면적인 시각을 강요하기 때문이다. 장자(莊子, B.C. 369~B.C. 289?)는 '명자실지객(名者實之賓)'이라고 말했다. 명분과 실리는 손님과 주인의 관계라는 것이다. 즉, 주인이 없으면 손님의 체통이 서지 않고, 손님이 없는 주인은 공허하다는 뜻이니, 이는 명분과 실리의 함수 관계를 잘 나타내 주는 표현이라 하겠다. 위기 상황에서 어떤 태도를 취하든, 그 이면에 자신의 안위보다 먼저 공동체를 생각하는 마음이 흐르고 있다면 명분이든 실리든 모두 소중한 정신이다. 동서양을 막론하고 우리 역사는 명분과 실리의 갈등을 통해 발전해 왔기 때문이다. 정작 나라를 망치는 주범은, 명분은 없고 자신들의 실리만 챙기는 권신들의 기회주의적인 태도일 것이다.

장자

　중국 주나라의 제후국이었던 송(宋)나라 출신 사상가로, 전국시대 제자백가(諸子百家) 중 도가(道家)를 대표하는 인물이다. 정확한 생몰 연도는 전해지지 않고, 맹자(孟子)와 비슷한 시대에 활약한 것으로 보인다. 초(楚)나라의 위왕(威王)이 재상으로 임명하려 하였으나 사양하고 학문과 저술에 전념한 그는 마침내 10만 글자 분량의 저술을 완성하였으니, 그것이 곧 『장자(莊子)』이다.

　장자는 노자(老子)의 사상을 이어받아 도(道)를 천지만물의 근본 원리라고 보았다. 도는 어떤 대상을 욕구하거나 사유하지 않는다 [無爲]. 세상의 만물은 스스로 자기존재를 성립시키며 저절로 움직인다. 그것이 자연(自然)이다. 또 인간에게 도가 있는 것처럼 모든 사물에도 각기 나름대로 도가 있는데, 인간이 그러한 질서를 해치는 것을 인위(人爲)라고 한다. 가령 물오리의 다리가 짧다고 하여 그것을 이어 주거나 학의 다리가 길다고 하여 그것을 잘라 주면 그들을 해치는 것이다. 따라서 인위는 자연 질서를 훼손하는 것이다.

　장자의 관점에서 보면 무위가 곧 명분이며 실리이다. 더불어 인위는 명분과 실리 모두를 해치는 것이 된다. 즉, 명분과 실리는 결코 따로 있는 것이 아니라는 말이다.

『조선왕조실록』 뒤에는 왕과 사관의 신경전이 있었다고?

『조선왕조실록』은 500년 조선 왕조의 거의 모든 것을 기록한 역사책이다. 그 안에는 국가의 중요한 정책과 사건은 물론이고 당시 왕의 사소한 언행까지도 소상하게 기록되어 있어 그 분량이 무려 1,893권에 이른다. 이 엄청난 양의 역사 기록은 누가, 어떻게, 왜 만든 것일까?

왕조실록은 당대의 왕을 주인공으로 삼아 **사관**(史官)들이 공동으로 집필한 초고(草稿)를 춘추관(春秋館)에서 편집한 역사책이다. 사관이 기록한 초고인 '사초(史草)'는 나중에 시정기(時政記)와 함께 실록의 기초 자료가 되는 매우 소중한 기록이다. 사초에는 조계(朝啓: 중신들이 편전에서 관료들의 잘잘못을 논하여 임금에게 아뢰는 일), 경연

(經筵 : 왕에게 유교 경서와 역사를 가르치는 제도 또는 그 자리) 등 조정의 모든 회의와 행사의 내용은 물론, 왕의 언행과 정사의 잘잘못 등이 일정한 형식에 따라 매우 자세하게 기록되어 있다.

또한 정승·판서를 비롯한 조정 중신과 대간(臺諫)·홍문관(弘文館)의 관원들이 임금과 면대할 때도 반드시 승지와 함께 사관이 입회했다. 이는 사사로운 일을 청하거나 다른 사람을 모함하는 일을 미리 막기 위한 것이었다. 지방에서 올라오는 장계(狀啓)나 왕이 내리는 교서(教書) 역시 반드시 사관을 거쳐 이를 초록(抄錄 : 필요한 부분을 뽑아서 기록함)하게 한 뒤에야 육조(六曹)와 대간에 넘길 수 있었다.

왕조 시대 권력의 감시자, 사관

사초를 작성하는 사관은 춘추관의 관원으로, 대부분 예문관(藝文館)의 봉교(奉教) 두 명, 대교(待校) 두 명, 검열(檢閱) 네 명 등이 겸직했다. 이들은 교대로 궁중에서 숙직하며 온종일 사초를 작성했다. 그렇게 2부를 작성하여 1부는 임금이 죽은 후 춘추관에 제출하고, 1부는 개별적으로 보관했다. 사초는 철저히 비밀에 붙여져 왕을 포함한 누구도 볼 수 없었다. 다만 새 왕이 즉위하여 선왕대의 실록을 편찬할 때 자료로만 이용하고, 작업이 끝나면 실록 초고본과 함께 물에 풀어서 기록을 없애 버렸다.

사관에게 사초는 목숨보다 소중한 것이었다. 그러나 사초를 바치지 않는 경우도 적지 않았다. 사초를 고치거나 아예 숨겼다가 무덤에까지 가지고 간 사관도 있었다. 왕을 비롯해서 자신이 비판했던 사람들에게 그 내용이 알려질 경우 후환이 두려웠기 때문이다. 따라서 세종은 사초의 보안을 법으로 엄격히 규정했다. 사초를 일부러 없애거나 훔칠 경우, 글씨를 뭉개거나 지울 경우, 그리고 사초의 내용을 외부인에게 누설할 경우에는 참형에 처했다. 또 사초를 바치지 않은 사관에게는 벌금형을 부과하는 한편 그 자손 대대로 벼슬길을 막아 버렸다.

1425년(세종 7) 5월, 세종은 『태종실록』의 편찬을 위해 사관들에게 사초를 제출하도록 명했다. 그러나 몇 달이 지나도록 권완, 최진성, 김과, 김한로 등이 사초를 바치지 않았다. 그러자 세종은 법에 의거하여 이 사관들에게 백은 20냥을 벌금으로 내게 하고, 자손 대대로 벼슬길을 막아 버리는 금고(禁錮)형에 처했다.

그런데 당시 사관이었던 김한로는 세종의 형인 양녕대군의 장인이었다. 장인이 궁지에 몰리자 양녕대군은 세종을 찾아와, "김한로의 집에 불이 나서 사초를 소실했으니, 벌금은 물리더라도 자손들에게 내려진 금고만은 풀어 달라."라고 사정했다. 자신에게 왕위까지 선선히 내준 형의 부탁을 받은 세종은 난감했지만, 결국 원칙을 따랐다. 이유야 어찌됐든 사초 미반납을 소홀히 다룬다면 이는 후대까지 나쁜 선례로 남을 것이라는 판단에서였다.

한편 사관은 비록 7품 이하의 낮은 품계였으나, 임무가 중요한 만큼 자격 요건도 매우 까다로웠다. 예컨대 단종 대의 김수녕은 학문과 인품이 매우 뛰어났지만 단지 미혼이라는 이유로 탈락됐다. 앞으로 어떤 집안과 인연을 맺을지 모른다는 것이 그 취지였다. 세조 대에 사관 김려는 처의 할아버지가 반역 죄인이라는 것이 밝혀져 탄핵을 받았으며, 성종 대의 소사식은 단지 그의 할아버지가 서자 출신임이 의심스럽다는 이유만으로 탄핵을 받기도 했다.

사관과 권력의 긴장 관계

이렇듯 왕비 간택 이상으로 까다로운 선발 조건을 통과한 사관은 철저히 검증받은 정통 엘리트들이었다. 따라서 사관을 지내 보지 못한 관료들은 은근히 이들을 질투했다. 세종 3년 10월, 외국의 사신을 맞아 태평관에서 환영연이 벌어졌을 때의 일이다. 술에 취한 사헌부 관원 김심이 사관 이승문에게 막대기를 휘두르며 시비를 걸었는데, 그 일을 보고받은 우의정 박은은 이렇게 말했다고 한다.

"사관이 그렇게 대단한 겐가? 나는 사관인지 뭔지 그걸 못 해 봐서 그게 대단한 건지 아닌지 잘 모르겠군."

그런데 정작 사관과 실제로 긴장 관계를 유지한 것은 바로 실록의 주인공인 왕들이었다. 왕에 대한 찬양과 비난, 그리고 옳고 그름을 정확하게 가리기 위해 사관은 사실을 있는 그대로 정확히 기

록해야 했다. 따라
서 사관은 조금이라도 더
자세한 기록을 남기기 위해 왕에게 가까
이 가려고 애썼고, 왕은 자신의 흉허물이 역사에 남을까 봐 사관을
가급적 멀리 했던 것이다.

예컨대 조선 제2대 임금인 태종은 공식적인 자리가 아니면 사
관을 쫓아 버리려 했다. 그러나 사관은 마치 숨바꼭질을 하듯 줄기
차게 따라붙어 태종의 언행을 기록했고, 그 때문에 사관들은 내관
들과 어전 출입을 놓고 자주 다투곤 했다. 사관 홍여강은 보평전
(왕의 집무실) 안에 들어가려다가 내관들에게 억지로 떠밀려 나온

적도 있었다.

또 다른 사관인 민인생은 어느 날 편전 출입문에 귀를 대고 안에서 들려오는 소리를 엿들으며 사초를 적던 중, 그 기척을 눈치 채고 문을 벌컥 열어젖힌 태종에게 들켜 난처한 상황에 처했다. 그러나 민인생은 역사 기록의 정당성을 당당하게 주장하며 태종과 언쟁을 벌였고, 그 일로 태종은 그를 유배시키기에 이르렀다. 하지만 조정의 대소 신료들은 조계가 열릴 때마다 민인생의 유배가 부당함을 주장하며 태종을 궁지에 몰았다. 그러자 태종은 마치 '파파라치' 같은 사관들에게 가졌던 불편한 심기를 이렇게 내비쳤다.

"사관 민인생은 내가 경연을 하면 병풍 뒤에서도 엿듣고 내가 연

회장에 가도 몰래 따라 들어왔다. 게다가 내가 사냥을 나가면 그곳까지 얼굴을 가린 채 따라오곤 했다. 이는 아무리 사관이라 해도 신하가 왕한테 행할 바가 아닐 것이다. 심지어 지난해에는 내전까지 따라 들어온 사관도 있었다."

사관과 왕의 불편한 동거는 조선 왕조 내내 이어졌다. 언젠가 언관(言官)과 극단적인 대립을 벌이던 조선 제18대 임금 현종은 사관에게 그 상황을 기록하지 말라고 명령했다. 하지만 담당 사관은 그 자리에서 왕명의 부당함을 밝히고, 그 명령을 둘러싼 논란까지도 모두 기록해 버렸다. 연산군 때에는 김종직이 작성한 사초가 무오사화의 결정적인 빌미가 되기도 했다. 하지만 이때 천하의 폭군 연산군도 문제가 되는 사초 부분만 겨우 뽑아서 보았을 뿐 사초 전체를 보지는 못했다. 이처럼 사초는 단순한 역사 기록 이상의 의미를 가졌던 것이다.

현대에는 사회 구성원 전체의 냉철한 감시와 견제 필요

사관 제도는 정확한 직필(直筆)로써 당대의 통치 내용을 기록하여 후대에 거울로 삼게 하려는 취지에서 확립된 제도였다. 그래서 사관이 기록한 사초는 아무도 시비를 가리지 못했고, 또한 수정도 할 수 없었다. 더불어 사초를 기록하는 행위에 대해서는 면책 특권을 부여함으로써 사관의 신분을 보장했다. 왕의 언행과 국정의 모든 일이 시시각각으로 기록되어 영원히 보존된다는 것은, 통치자인 왕에게 현실적으로 큰 제약을 가했을 것이다.

사관은 국왕에게 올라오는 모든 상소문과 장계를 먼저 볼 수 있었다. 또한 왕의 비답(批答 : 상소문 등에 대한 왕의 답변)이 내려진 정부 행정 문서도 모두 열람할 수 있었다. 그런데 정작 사초의 주인공인 임금만은 자신의 언행에 대하여 기록한 내용을 볼 수 없었다. 이처럼 절묘한 함수 관계 속에서 『조선왕조실록』이라는 위대한 역사 기록이 탄생했다. 더불어 그 체계는 왕권을 매우 효과적으로 감시하고 견제하는 기능을 수행했다. 조선이 500년 역사를 이어 올 수 있었던 것도 바로 이러한 감시와 견제 기능에 힘입은 바 크다.

오늘날 우리나라는 삼권 분립의 통치 체제를 채택하고 있다. 국가 권력을 입법·행정·사법으로 나누어 서로 감시하고 견제하게 함으로써 균형을 유지하도록 하는 조직 원리이다. 게다가 정당 정치가 보장되어 정치 세력들이 서로 감시·견제하는 역할을 하고 있다. 여기에 제4의 권력이라는 언론이 감시의 눈길을 번뜩이고 있다. 참 그럴듯한 체제이다. 하지만 그것은 권력 독점을 막기 위한 최소한의 장치일 뿐이다. 때로는 이들 모두가 한통속이 되어 거대한 자본 아래 굽실거리고, 제 잇속 차리기에만 급급한 경우도 있기 때문이다. 권력의 속성이란 본디 그런 것이다. 오직 믿을 것이라고는 사회 구성원 전체의 냉철한 감시와 적극적인 견제뿐이다.

사관

역사 기록의 초고를 쓰던 관원을 말한다. 삼국 시대부터 사관이 있었던 것으로 추정되지만, 그에 대한 정확한 기록은 찾아볼 수 없다. 고려 시대부터 본격적으로 역사 기록을 담당하는 관아가 설치됐는데, 각 시기별로 사관(史館), 예문춘추관(藝文春秋館), 춘추관 등으로 불렀다. 이런 관아에서 6품 이하 관원들이 4~8명 근무하며 역사 기록에 대한 실무를 담당했는데, 이들이 곧 『고려사』의 초고를 집필한 사관들이다.

조선 전기에는 주로 국사의 기록을 전담한 예문춘추관의 공봉·수찬·직관을 사관이라 했으며, 1401년(태종 1)에는 예문춘추관을 둘로 나누어 봉교, 대교, 검열 등의 이름으로 사관을 두었다.

한편 국사를 담당한 춘추관의 관직은 전임(專任)이 하나도 없고 모두 다른 직과 겸했는데, 그중에도 예문관의 봉교 두 명, 대교 두 명, 검열 네 명 등 여덟 명은 춘추관의 기사관(記事官)을 겸하여 전문적으로 춘추관의 일을 담당했으므로 주로 이들을 사관 또는 한림(翰林)이라고도 했다.

황희는 제로섬 게임의 경제 논리를 알고 있었다?

'일자리 창출'이라는 말은 이제
선거 때 으레 등장하는 단골 공약으로 자리를 잡았다. 중앙 정부든
지방 자치 단체든, 국토를 마구 파헤치는 개발 사업을 할 때에는
'경제 활성화'와 '고용 창출'이라는 명분을 꼭 내세운다. 그만큼 우
리 사회의 고용 상황이 좋지 않기 때문이다. 다시 말해서 실업에
대한 공포가 모든 경제 인구의 심리에 스며들어 있다는 뜻이다.

일할 의사도 있고 노동력도 있지만 그 능력에 걸맞은 일자리를
얻지 못한 상태를 실업이라고 한다. 이러한 실업의 원리를 이론적
으로 규명하려고 시도한 사람이 바로 **칼 마르크스**(Karl Marx, 1818~
1883)와 **J. M. 케인스**(John Maynard Keynes, 1883~1946)이다.

역사적 장면으로 생각해 보는 정치·경제

57

일찍이 마르크스는 '산업예비군(産業豫備軍) 이론'을 통해 실업이 발생하는 원리를 설명했다. 그에 따르면 자본주의가 발달하면서 토지, 건물, 기계 등과 같은 고정 자본(불변 자본)의 비율은 높아지는 반면 노동력에 지급되는 임금 등 가변 자본의 비율은 줄어드는데, 이에 따라 잉여 노동 인구가 발생한다. 마르크스는 이러한 실업군(失業群)을 산업예비군이라고 칭하고, 인건비를 낮추어 더 많은 이윤을 창출하려는 자본가의 욕망이 결국 산업예비군을 낳는다고 주장했다.

한편 마르크스가 죽은 해에 태어난 케인스는 '유효 수요'라는 개념으로 실업을 설명했다. 화폐 이자율이 높고 소비가 줄어들면 투자도 감소하여 실업이 증가한다는 것이다. 그래서 실업률을 낮추고 고용률을 높이기 위해서는 화폐 이자율을 낮추거나 소비를 촉진해야 하는데, 케인스는 그 해결책으로 공공사업 및 사회 보장 등에 따른 소득 재분배를 제시했다.

엄격한 청백리의 표상, 황희

이처럼 백성의 일자리를 진정으로 걱정한 인물은 조선 역사에도 있으니, 그가 바로 '청백리(淸白吏)의 표상'으로 알려진 황희(黃喜, 1363~1452) 정승이다. 오늘날로 치면 모범 공무원, 즉 티 없이 맑고 깨끗한 관리를 일러 청백리라고 한다. 다산 정약용은 청백리를 "봉급 외에는 아무것도 받지 않고, 먹고 남은 것은 집에 가지고 가지 않으며, 벼슬을 그만두고 돌아갈 때는 한 필의 말로 조촐하게 가는 자"라고 규정했는데, 조선조를 통틀어 이러한 정의에 가장 부합되는 청백리가 바로 황희 정승이다.

황희는 무서울 정도로 청빈한 삶을 살았다. '일인지하만인지상(一人之下萬人之上)'의 자리에 있었지만, 황희는 평생 시골 마을 생원의 집보다 못한 작은 기와집 바닥에 거적때기를 깔아 놓고 살았다. 비좁고 낡은 그의 서재에서는 노비 아이들이 황희의 수염을 잡아채며 놀았다. 어떤 아이는 한지를 펼쳐 놓은 서안에 올라가 오줌을 누기도 했다. 그럴 때 노정승은 너털웃음을 지으며 여종을 불러 오줌에 젖은 한지를 말려 오라고 했는데, 여종은 그를 힐끗 치어다보며 예사로 말대꾸를 했다고 한다.

이렇듯 황희는 노비와 아이들에게 한없이 너그러운 인도주의자였다. 하지만 그는 힘 있는 관리나 자기 가족에게는 매우 엄격한 도덕적 기준을 들이댔다. 예컨대 6진을 개척하고 돌아온 병조판서 김종서가 병조의 재물로 원로대신들에게 푸짐한 음식을 장만하여 대접했을 때, 황희는 김종서에게 나라의 재물을 축냈다고 불호령을 내린 뒤 병조의 실무를 맡은 관리들을 불러 흠씬 두들겨 팼다. 그 자리에 모인 사람들은 모두 파랗게 질리고 말았다.

그 일이 있은 뒤 김종서는 자신의 집에서 준비한 음식으로 또 한

번 대신들을 대접했다. 이번에는 '나라 것'이 아닌 '내 것'으로 준비한 음식이니 거리낄 게 없다는 생각이었다. 그러나 이번에도 어김없이 황희는 서릿발을 세웠다.

"그대가 사사로이 음식을 장만하여 이렇듯 올리는 것은 무엇을 뽐내고 과시하고자 함이오? 관료 사이에 사사로운 정이 거듭되면 그 정으로 인해 질서가 문란해지고 바른 법을 시행키가 어려워지는 것이오. 오늘 병판의 죄는 신료들의 기강을 해이하게 한 것이니 죄를 아니 물을 수 없을 터, 정2품 당상관을 욕보일 수는 없으니 대신 음식을 주관해 온 그 하인을 하옥하도록 하라!"

너무 야박한 게 아니냐고 충고하는 맹사성 같은 관료들에게 황희는 또 말했다.

"그렇습니다. 내가 좀 심하게 하는 편이지요. 하지만 생각해 보십시오. 우리는 늙었습니다. 머지않아 김종서가 우리 자리에 앉을 텐데 지금 그를 가르치지 않으면 언제 가르치겠습니까?"

관리는 오직 녹봉으로만 살아야 한다

황희의 이러한 청백리 정신은 그의 아들이 기와집을 새로 지었을 때 극명하게 드러났다. 초라한 초가집에 살던 황희의 며느리는 20여 년 동안 여기저기 삯바느질을 해 주고 그 품삯을 모아 작은 기와집을 새로 지어 잔치를 벌였다. 아들 내외의 초대를 받은 황희는 비록 남루한 옷이지만 단정하게 차려입고 잔치에 갔다. 그러나 새로 지은 기와집 앞에 이른 황희는 눈살을 찌푸리며 집을 물끄러미 바라보다가 다시 되돌아오고 말았다. 그리고 이튿날 아들 내외를 불러 놓고 물었다.

"그런 집을 지으려면 돈냥이나 들었을 터인데 어디서 났느냐?"

아들이 대답했다.

"이 사람이 그동안 삯바느질로 여러 양반 댁에 옷을 지어 주고 푼푼이 벌었습니다."

그러자 황희의 입에서 날벼락이 떨어졌다.

"너도 이 나라의 관리인데 사사로운 돈에 욕심을 내었더냐? 관리란 나라에서 내리는 녹봉으로 사는 법, 며늘애가 바느질을 했다는 것은 곧 남의 바느질 일감을 그만큼 빼앗은 것이 아니더냐?"

아들과 며느리는 억울한 표정을 지었다. 누구든 열심히 일하여 잘살 권리가 있는 것 아니냐고 항변하고 싶었을 게다. 황희는 다시 말을 이었다.

"네가 일하는 그만큼 남의 생계가 줄어든다. 관리의 집안에서 다른 수입을 갖는다는 것은 그만큼 부정의 여지와 욕심이 생겼음을 뜻하는 것이야. 새로 늘린 건물은 모두 헐어 버려라. 그동안 남의 일감을 오래 빼앗아 왔으니 그만큼의 일감으로 모두 되돌려 주어라."

아들 내외는 할 말을 잃고 말았다.

한편 황희 정승이 실제로 가난하지 않았다는 주장도 있다. 6년간의 유배에서 풀려난 황희는 세종으로부터 직첩과 과전(科田)을 돌려받았다. 50년 넘도록 관직을 지키며 18년 동안 영의정의 자리에 있었던 인물이 실제로 가난했을 리는 없다는 것이다. 따라서 황희는 가진 것이 없어서 가난했던 사람이 아니라, 평생 무서운 의지로 자신을 혹독하게 담금질하며 전략적으로 청빈한 이미지를 유지한 사람이라고 생각해야 옳다.

그렇다면 왜 그런 전략이 필요했던 것일까? 당시 명나라에서는 재상 호유용이 일으킨 반란의 여파로 재상이라는 직위를 없애 버린 상황이었고, 당연히 신권은 약해졌다. 사대하던 명나라의 조정 분위기가 그렇다 보니 조선의 양반 관료들도 미리 몸조심을 했다. 그리하여 힘 있는 실세 재상보다는 책잡히지 않을 만큼 청렴한 인물을 재상으로 내세웠고, 황희가 바로 그 적임자였던 것이다. 그렇게 재상의 자리에 오른 황희는 더욱 청렴하고 사심 없는 태도를 견지함으로써 명나라에서 불어오는 정치 파동에 휘둘리지 않고 신권을 지켜 냈다는 것이 바로 이 '이미지설'의 요체이다.

일자리 숫자보다 중요한 것은 일의 내용과 보수

그런데 황희의 청렴이 설령 일부러 만들어 낸 허구라 하더라도 공직자로서 훌륭한 그의 면모는 다른 데서 찾을 수 있으니, 그의 경제관이 바로 그것이다. 황희의 경제관에 따르면 공직자는 녹봉만으로 살아야 한다. 분배주의 원리에 비추어 보았을 때 이는 당연한 말이다. 공직자가 재산 증식에 눈을 돌리면 십중팔구 부패가 발생하기 때문이다. 그래서 아무리 자본이 만능인 사회에서라도 공직자만큼은 녹봉으로 만족해야 한다. 이는 오랜 문명의 역사에서 우리가 얻은 귀중한 교훈이다.

아들 내외의 기와집 신축 사건에서 볼 수 있듯, 황희는 분배주의 경제관을 지니고 있었다. 한 사회에서 유통되는 재화는 한정되어 있다. 그러므로 어느 누군가의 몫이 늘어나는 만큼 다른 누군가의 몫이 줄어들 수밖에 없다는 제로섬 게임의 경제 논리를 황희는 이미 터득하고 있었다. 더불어 그는 일자리가 무한정 늘어나는 것이 아닌, 나누어 가지는 것이라고 보았다. 케인스나 마르크스보다 수백 년이나 앞선 시대에 황희는 일자리 또는 일거리의 독점으로 인한 백성의 실업을 진정으로 걱정했던 것이다.

오늘날의 정치가들 대부분이 '일자리 창출'을 말한다. 하지만 문제는 '일자리'의 숫자가 아니라 '일거리'의 내용, 즉 턱없이 낮은 임금과 불안한 고용 상태이다. 오늘날 신자유주의 체제의 산물인 비정규직 문제에 둔감한 지금의 위정자들을 보면, 그들이 진정으로 백성의 생존 문제를 염려하는지 의심스럽다. 새삼 황희 정승이 그리울 따름이다.

칼 마르크스

독일의 경제학자이자 정치학자. 베를린 대학교에서 법률·역사·철학을 공부했고, 헤겔의 영향을 받아 급진 자유주의자가 됐다. 프리드리히 엥겔스와 함께 경제학 연구를 하며 유물 사관을 정립했으며 『독일 이데올로기』 『공산당 선언』 등을 발표하여 각국의 노동자 계급 혁명에 불을 지폈다. 『경제학 비판』 『자본론』을 비롯한 불후의 저서를 남겼다.

J. M. 케인스

영국의 경제학자. 정부의 재량적인 정책에 따른 유효 수요의 증가를 강조하는 케인스 경제학을 창시했다. 기존의 고전 경제학자들의 이론을 비판하고 정부의 단기적인 정책 실행을 중요하게 여기는 그의 이론은 경제학에 큰 영향을 미쳤다.

나폴레옹은 왜
초라한 죽음을 맞이했을까?

지치지 않는 정복 욕구로 200년
전 유럽 대륙에 불을 지른 사나이 나폴레옹(Napoléon Bonaparte,
1769~1821). 그는 프랑스의 식민지 코르시카 섬에서 태어났다. 프
랑스 통치에 협력한 아버지 덕분에 나폴레옹은 열 살 때부터 프랑
스에 유학하여 병사 학교와 육군 사관학교를 다녔다. 하지만 그는
지독한 사투리 때문에 프랑스 본토 귀족 자제들로부터 '코르시카
의 촌놈'이라고 놀림을 당하며 '왕따' 신세를 면치 못했다. 졸업 때
성적은 58명 중 42등. 하지만 프랑스 왕과 귀족에 대한 적개심 때
문에 출세 의지만큼은 단연 1등이었다.

나폴레옹이 사관학교를 마치고 포병 장교로 근무하던 1789년에

는 프랑스 대혁명이 일어나, 바스티유 감옥이 시민의 손에 점령됐다. 당시 스무 살의 나폴레옹은 그런 역사적 현장을 목격하면서도 혁명 대열에 끼어들지 않았다. 1792년 8월 국왕 루이 16세가 시민의 손에 끌려 다니는 장면을 목격했을 때도 나폴레옹은 '천민의 자식들'이니 '머저리 같은 놈'이니 하며 시민과 국왕을 싸잡아 비아냥거렸다. 그러나 나폴레옹은 1793년에는 당시 집권자로 공포 정치의 대명사가 된 로베스피에르에게 접근하여 혁명 정부의 장교가 됐다. 그리고 왕당파의 반란을 격파한 공로로 스물다섯 살의 젊은 나이에 이탈리아 원정군 포병 사령관의 자리에 앉았다.

부르주아 세력 등에 업고 황제 자리에 도전

그러나 1794년 7월, 로베스피에르 일파가 제거되고 의회가 권력을 장악하면서 나폴레옹은 체포되어 조사를 받고 장교의 지위를 박탈당했다. 하지만 출세의 기회는 이듬해 10월에 다시 찾아왔다. 왕당파가 쿠데타를 일으켰을 때, 다시 진압군 지휘관으로 발탁되어 싸움 실력을 인정받게 된 것이다. 총재 정부의 군사령관에 임명되면서 벼락출세한 나폴레옹은 이듬해에 이탈리아 원정에 올라 많은 재물과 예술품을 강탈해 왔다. 나폴레옹이 개선하자 외무 대신은 "프랑스는 오직 그대의 힘에 의해서만 자유로워질 것"이라고 입에 침이 마르도록 그를 칭송했다.

그는 동서양의 관문인 이집트를 다음 정복지로 택했다. 영국의 인도 진출을 방해하기 위해서였다. 5만 병력의 원정군을 이끌고 지중해를 건넌 나폴레옹은 작열하는 사막에서 이집트 기병대를 연달아 격파하고 카이로를 거쳐 시리아, 수에즈 방면으로 진격했다. 그러나 이즈음 영국 해군이 후방의 보급로를 차단하는 바람에 1년 동안 고전을 면치 못했다. 당시 프랑스에서는 왕당파의 쿠데타가 일어나 불안한 정세가 계속되고 있었다. 무능한 총재 정부가 헤매는 동안 부르주아 세력의 자금 지원도 끊어질 위기였다. 나폴레옹은 고민에 빠졌다. 미래가 불확실한 프랑스를 위하여 이역의 하늘 아래서 지루한 전쟁을 벌이고 있는 자신의 처지가 답답했다.

마침내 그는 병사들을 이끌고 1799년 10월에 프랑스로 돌아왔다. 그리고 정치 원로 시에예스(Emmanuel-Joseph Sieyés, 1748~1836) 등과 손잡고 쿠데타를 준비하기에 이르렀다. 1799년 11월 9일, 나폴레옹은 파리 곳곳에 병력을 배치하고 자코뱅파의 테러 음모에 대비한다는 명분을 내세워 500인 의회와 원로원을 파리 교외로 옮겨 버렸다. 500인 의회의 의원들은 나폴레옹을 독재자라고 비난했지만, 무장한 병사들은 총검을 들이대고 회의장을 점령했다. 이렇게 총재 정부를 해체한 나폴레옹은 시에예스, 뒤코 등과 함께 통령 정부를 구성했다. 그리고 임기 10년의 제1통령이 되어 새 헌법을 공포했다. 새 헌법에서 나폴레옹은 '평등, 자유, 소유'의 혁명 원칙을

'소유, 평등, 자유'로 바꾸었다. 평등 대신에 소유를 으뜸으로 세운 것이니, 이는 든든한 후원 세력인 부르주아들의 이해를 대변하기 위해서였다.

부르주아 세력의 대변자 나폴레옹은 삼각형 모자와 긴 망토 차림으로 본격적인 '유럽 사냥'에 나섰다. 오스트리아 군대를 격파하고 네덜란드를 차지한 그는 1802년에 영국과 평화 조약을 체결했다. 휴전 기간에 그는 농민의 토지 소유를 입법화했다. 전쟁에 필요한 군수품과 식량을 쉽게 조달하려는 속셈에서였다. 또 교육 시설을 확충하고 실업률을 낮추었다. 농민과 시민들의 적극적인 지지에 힘입어 나폴레옹은 1802년 마침내 종신 통령의 자리에 올랐다. 열렬한 지지와 권력에 도취된 독재자는 왕이 되는 꿈에 사로잡혔지만 '혁명의 아들'을 자처한 그가 왕이 될 수는 없는 노릇. 그래서 나폴레옹은 정치 도박을 벌이기에 이르렀다. "왕이 될 수 없다면 차라리 황제가 되자!"

프랑스 혁명의 사생아 나폴레옹의 초라한 최후

1804년 5월, 나폴레옹은 프랑스 공화국을 세습 황제에게 맡긴다는 '원로원령'을 발표했다. 그에 따라 실시된 국민 투표에서 프랑스 국민은 압도적으로 나폴레옹을 지지했다. 그해 12월 2일, 나폴레옹은 노트르담 사원에서 성대한 황제 대관식을 열었다. 작곡가 베토

벤은 새 황제에게 교향곡 '에로이카'를 헌정했다. 프랑스 대혁명의 숭고한 이념이 웃음거리로 끝막음되는 순간이었다.

황제가 된 나폴레옹은 "정복이 현재의 나를 만들고, 정복을 통해서만 나의 삶이 유지된다."라며 계속 군대를 육성했다. 그러나 트라팔가르 해전에서 넬슨 제독에게 쓰라린 패배를 맛보았다. 유럽 각국의 동맹군도 반격해 왔다. 위기였다. 하지만 나폴레옹은 교활한 유인 전술로 오스트리아군과 러시아군을 아우스터리츠 전투에서 격파하며 위기를 벗어났다. 그리고 프로이센군과 러시아군을 차례로 격파하고 1807년에는 틸지트(지금의 소베츠크)에서 평화 조약을 체결했다. 그런 다음 영국을 경제적으로 고립시키기 위해 저 유명한 '대륙 봉쇄령'을 발표했다. 더불어 1808년에 스페인을 점령하고는 스페인 국민과 병사 5만여 명을 무차별 학살함으로써 정복자의 잔인성을 유감없이 발휘했다.

한편 1812년에 나폴레옹은 대륙 봉쇄령에 응하지 않은 러시아를 공격하기 위해 직접 60만 대군을 이끌고 출정했다. 나폴레옹 생애 최대의 원정군이었다. 그러나 러시아의 초토화 작전에 걸려든 프랑스군은 혹한 속에서 굶주림과 싸워야 했다. 결국 나폴레옹은 50만의 병력을 잃고 나머지 10만 명과 함께 간신히 프랑스로 되돌아왔다. 하지만 1814년 3월, 파리로 들이닥친 연합군에게 강제 퇴위당한 그는 결국 엘바 섬으로 유배됐다. 이로써 나폴레옹의 '성공

신화'는 싱겁게 끝나 버렸고, 왕정이 복고되어 루이 18세가 즉위했다. 이듬해에 엘바 섬을 탈출한 나폴레옹은 루이 18세를 쫓아내고 재집권에 성공했지만, 다시 워털루 전투에서 연합군에게 패함으로써 그의 집권은 백일천하로 끝나고 말았다. 그리고 다시 세인트헬레나 고도로 유배되면서 그는 역사의 뒷면으로 완전히 사라지고 말았다.

흔히 나폴레옹을 프랑스 대혁명의 아들이라고 한다. 하지만 그는 결코 '혁명'이라는 아버지의 뜻을 따른 착한 아들이 아니었다.

그에게는 '정복의 자유'와 인접 국가에 대한 '평등한 박해'만 있었다. 그는 결국 프랑스 대혁명이 낳은 사생아였다. 하지만 사가(史家)들은 끊임없이 나폴레옹을 왜곡했다. 그들은 나폴레옹이 네 시간 이상을 잔 적이 없으며, 작은 키를 감추기 위해서 삼각형 모자를 만드는 디자인 감각을 소유했다고 말한다. 그러나 한편으로는 하루 여덟 시간 수면에 낮잠까지 잤다는 이야기도 전해 온다.

나폴레옹은 역사 속 기회주의자의 전형

한편 러시아 원정 당시 보로지노 전투에서 만약에 나폴레옹이 콧물감기를 앓지 않았다면 러시아는 오래전에 멸망하여 세계 지도가 바뀌었을 것이라는 억측도 있다. 그 말대로라면 나폴레옹의 '콧물감기'가 러시아의 구세주인 셈이다. 하지만 나폴레옹이 10년 정도 일찍 태어났더라면 아마도 권력 투쟁의 회오리에 말려들어 로베스피에르와 함께 일찌감치 단두대에서 목이 달아났을지도 모른다. 그는 혁명의 소용돌이를 교묘하게 피해 갔기 때문에 출세의 기회를 잡을 수 있었다.

사실 이러한 가정들은 아무런 의미가 없다. 나폴레옹 같은 **기회주의**(機會主義)적 영웅이나 루이 16세 같은 '인민의 적'은 결국 당대를 살아가는 사람들의 총체적인 이해관계 속에서 등장하기 때문이다. 그러나 나폴레옹이 부르봉 왕조의 봉건 통치에서 벗어나고자

했던 프랑스 민중의 지지를 교묘하게 이용하여 황제가 된 것만은 변함없는 사실이다. 그래서 그는 전형적인 기회주의자이다.

'기회주의'란 역사적 신념과 원칙을 저버리고 오직 권력의 끈을 잡기 위해 그때그때 양지(陽地) 쪽으로 발길을 돌리는 행태를 말한다. 우리 역사에도 기회주의자들이 넘친다. 예컨대 일제 강점기에 돈과 권력을 위하여 친일 행각을 벌이다가 해방 후에는 미군정의 군홧발에 달라붙어 너스레를 떨던 인사들, 그들은 기회주의의 극치를 보여 주었다. 어디 그때뿐이겠는가? 오늘날에도 집권 세력을 좇아 신념이나 주관 없이 이리저리 옮겨 다니는 정치인들이 있으니 말이다.

지중해 섬에서 촌놈으로 태어나 프랑스 민중의 진정한 요구에 엉뚱한 광기(狂氣)로 답하며 황제의 자리까지 올랐지만 결국은 지중해 섬으로 쫓겨나고 만 정복자 나폴레옹. 그의 초라한 최후는 현실 속 기회주의자들에게 의미 있는 교훈을 전해 준다.

기회주의

노동 운동이나 사회주의 운동계에서 주로 쓰였던 용어이다. 개량주의·수정주의와 함께 쓰였으며, 정통 마르크스주의에서 변질된 노선을 비판하는 뜻을 담고 있다. 러시아 혁명의 지도자 레닌(1870~1924)이 그의 저술 『무엇을 할 것인가』와 『국가와 혁명』에서 사용한 이후 본격적인 비판적 용어로 자주 쓰였다. 초기에는 마르크스주의를 우측으로 왜곡하거나 수정하는 조류를 비판하여 '우익 기회주의'라는 말이 많이 쓰였으나, 나중에는 무작정 무력 투쟁을 일삼는 부류를 지칭하는 '좌익 기회주의'라는 말도 생겨났다.

오늘날 '기회주의'라는 말은 주로 정치 활동 공간에서 쓰이는데, 일관된 입장을 지니지 못하고 상황이나 세력 관계에 따라 원칙 없이 처신하는 형태나 그러한 경향을 지칭한다. 예컨대 권력의 양지를 좇아 이 당에서 저 당으로 철새처럼 옮겨 다니는 국회 의원들이 오늘날 기회주의자의 전형이다.

정도전이 '핏줄 논쟁'에 시달린 이유는?

정치판이 선동과 흑색선전으로 얼룩져 있다는 것은 누구나 익히 아는 사실이다. 그중 흑색선전은 정치적 경쟁 상대의 흠집을 들추어내어 반사 이익을 노린다는 점에서 비겁하고 무책임한 정치 행태이다. 이러한 흑색선전이 불특정 다수를 향하여 이루어지면 문제가 더욱 심각해진다. 반세기 전 미국을 강타한 '매카시' 열풍이 그 예에 해당한다. 1950년 2월, 공화당 상원 의원 J. R. 매카시(Joseph Raymond McCarthy, 1908~1957)는 한 여성 단체가 개최한 연설회장에서 "미국 국무성 안에 205명의 공산주의자가 있다."라며 폭탄 발언을 내뱉었다.

기회주의 우파 정치인이자 알코올 중독자였던 매카시. 그의 선동적 발언은 소련과 중국의 공산화에 두려움을 느끼던 미국인들의 광기를 부채질했다. 매카시는 순식간에 인기 스타가 됐다. 막대한 정치 자금이 그에게 쏟아져 들어왔고, 공산주의자를 고발하는 편지가 수천 통씩 그에게 배달됐다. 그리하여 국무 장관을 비롯한 수많은 인사들이 사상을 검증받았다. 1만 명가량의 미국인들이 사상 검증을 받으면서 직장을 잃었고, 미국의 원자탄 제조 기밀을 소련에 팔아넘겼다는 죄목으로 로젠버그 부부(Julius and Ethel Rosenberg)가 증거 없이 처형되기도 했다. 심지어 트루먼 대통령도 공산주의자에게 약하다는 비난을 받았다. 이처럼 매카시즘의 공포가 아메리카 대륙을 휩쓸었지만 누구도 반론을 펼치지 못했다.

조선 역사에도 매카시즘이 불어 닥친 예가 많다. 선비들의 피로 얼룩진 수많은 사화(士禍)는 '역모(逆謀)'를 꾀했다는 이유로 행해진 매카시즘이었다. 조선사에서 매카시즘의 원조는 쿠데타로 왕의 자리에 오른, 조선 제3대 임금 태종 이방원과 그 측근들일 것이다. 더불어 그 최대 피해자는 삼봉 정도전이었다.

조선 시대 매카시즘의 피해자 삼봉 정도전

14세기 후반, 근근이 명맥을 이어 오던 고려를 폐하고 그 빈 터에 치밀한 기획으로 조선을 창건한 역사 기획가 정도전(1342~1398). 10년 가까이 유배와 유랑 생활을 하며 도탄에 빠진 백성의 삶을 몸소 체험한 그는 백성을 근본으로 하는 새로운 이상 사회를 꿈꾸었다. 그리하여 '조선 창건'이라는 초대형 사업을 기획한 정도전은 역성혁명으로 왕조를 교체하고, 자신의 꿈을 이루기 위해 힘 있는 이성계를 동업자로 끌어들였다. 두 사람은 환상의 콤비가 됐다. 동업은 깨진다는 속설도 이들에게는 통하지 않았다. 정도전은 기꺼이 동업자를 왕으로 만들어 주었고, 이성계 또한 동업자가 마음껏 꿈을 펼칠 수 있도록 뒤를 봐주었다.

정도전은 새로운 수도 한양을 설계하고, 『경제문감』『조선경국전』『불씨잡변』『진법』등의 여러 저술을 통하여 정치, 경제, 사회, 문화, 군사, 외교 등 거의 모든 분야를 아우르는 통치 이념과 문물제도를 완벽하게 기획했다. 그러나 이토록 위대한 업적을 남겼는데도 지난 600년의 역사는 정도전을 매우 인색하게 평가했다. 일례로 정도전의 출생 시기에 대해서도 정확한 기록이 남아 있지 않다. 1337년에 태어났다는 말도 있고, 1342년에 태어났다는 말도 있다. 태어난 곳에 대해서도 단양, 영주, 봉화, 양주 등 네 가지의 출생지설(說)이 전해 온다. 더불어 정도전은 살아서나 죽어서나 줄곧 '핏줄 논쟁'에 시달려 왔는데, 그 내용은 이렇다.

고려 말의 유력한 권문세족인 우현보 집안에 김전이란 사람이 있었다. 일찍이 중이 된 그는 자신이 부리던 '수이'라는 종의 아내와 간통을 하여 딸 하나를 낳았다. 나중에 다시 속인이 되어 수이를 내쫓고 그 아내를 빼앗은 김전은 그 딸을 사인(士人 : 벼슬을 하지 않은 선비) 우연(禹延)에게 시집보냈다고 한다. 우연은 딸 하나를 낳아서 공생(貢生) 정운경에게 시집을 보냈고, 정운경은 아들 셋을 낳았는데, 그 맏아들이 곧 정도전이라는 것이다.

이는 한마디로 정도전의 외할머니는 노비와 사이비 승려 사이에서 태어난 천출이었다는 것을 강조하는 설이다. 하지만 이것은 다분히 의도된 것임이 금방 드러난다. 사실 정도전의 아버지 정운경은 우연(禹淵)의 딸과 혼인을 했다. 그런데 『태조실록』에 나오는 정도전의 외할아버지는 '단양 우씨' 우연(禹延)이고, 정도전이 쓴 행장 속 외할아버지는 '영천 우씨' 우연(禹淵)이다. 한자 시대에 글깨나 했다는 사람들이 한 이름에 두 가지 한자를 쓸 리가 있었을까?

역모 누명, 그리고 조작된 출신 기록

한편 단양에는 정도전의 어머니와 관련된 속설이 전해 내려온다. 낭인(浪人)의 처지로 떠돌던 어느 날, 비를 피해 원두막을 찾았던 정운경은 우탁(禹倬)의 노비 처녀를 만나 겁탈한 후, 그저 성씨만 알려 주고 무책임하게 떠났다고 한다. 노비 처녀는 임신을 하여 아이를 낳았고, 몇 년이 지나 그곳을 다시 지나던 정운경은 우연히 자신의 아들을 만나게 되는데, 그 아이가 바로 정도전이라는 이야기이다.

그런데 속설에서 낭인 시절에 노비 처녀를 만났다는 그 시기에 정운경은 개경에서 통례문지후(通禮門祗候 : 왕의 비서직)와 법률을 다루는 홍복도감 판관 등의 관직을 맡고 있었다. 당시 그는 형조 소속의 법률가로서, 도덕성을 검증받은 유능한 관료였다. 그런 정 운경이 안동부 예안에서 살던 우탁의 노비 처녀를 하필이면 개경 도 아닌 단양에서 만났다는 것은 매우 억지스러운 설정이다.

그렇다면 정도전이 유독 핏줄 논쟁에 시달린 까닭은 무엇일까? 정도전은 재상이 중심이 된 강력한 신권(臣權) 국가를 꿈꾸었다. 자 질이 부족한 왕에게 어쩔 수 없이 통치를 맡기느니 전문 경영인을 지도자로 뽑아 쓰자는 것이 그의 주장이었다. 그래서 이성계와 정 도전 등 개국 공신들은 냉혹한 왕자 이방원을 제쳐 두고 계비 소생 의 힘없는 왕자 이방석을 후계자로 세웠다. 더불어 정도전은 요동 정벌을 추진한다는 명분을 내세우며 '사병 혁파'를 단행하고 있었 다. 거기에는 강한 왕자 이방원의 무장을 해제하려는 뜻도 들어 있 었다. 자신이 왕이 되어야 한다고 굳게 믿는 이방원과 이방원이 왕 이 되면 안 된다고 생각하는 정도전, 두 사람은 결국 돌이킬 수 없 는 정적 관계로 돌아섰다. 그리고 이방원의 칼끝은 마침내 정도전 과 남은, 심효생 등을 향했다.

1398년 8월 26일 밤, 이방원은 쿠데타를 일으켜 정도전과 그 측 근들을 '역적 혐의'로 처단했다. 그날 밤 공신들 대부분은 카멜레

온처럼 이방원의 발밑에 줄을 섬으로써 목숨을 구했다. 하룻밤 사이에 권력은 이방원의 손아귀에 들어갔다. 더불어 병석에 누워 있던 태조 이성계는 식물 임금으로 전락하고 말았다. 이른바 '제1차 왕자의 난'이었다.

쿠데타를 정당화하기 위해 이방원은 죽은 자에게 역모 혐의를 씌우고, 더불어 '천출'이라는 낙인을 찍음으로써 '마녀 사냥'을 했다. 이 과정에 이방원은 우승범을 비롯한 단양 우씨 우현보의 손자들을 끌어들였다. 일찍이 우현보 가문은 정도전의 핏줄 논쟁을 일으킨 진원지였다. 또한 우홍수를 비롯한 우현보의 세 아들이 역성혁명 과정에서 곤장을 맞고 죽었는데, 우씨 집안에서는 정도전을 그 배후로 지목하고 있던 터였다. 이방원은 이처럼 정도전과 견원지간(犬猿之間)이던 우현보의 후손들을 『태조실록』 편수진에 포함시킴으로써 정도전의 핏줄 문제를 건드리게 했던 것이다. 그것은 정적에 대한 흑색선전이며 일종의 매카시즘이었다.

한국 현대사를 얼룩지게 한 매카시들

미국의 제33대 대통령 트루먼은 "매카시즘은 적절한 법적 절차를 포기하는 것이며, 애국심과 안보라는 이름으로 무고한 시민들에 근거 없는 오명을 씌우고 거짓말을 하는 것"이라고 말했다. 더불어 그는 "매카시즘은 거짓을 먹고 사는 선동 정치인의 권력 유지

수단이고, 사회의 신뢰를 무너뜨리며 근거 없는 공포를 퍼뜨리는 것"이라고도 주장했다.

매카시즘은 반세기가 지난 지금도 미국과 그 '우방 국가'들에서 치유되지 않은 상처로 남아 있다. 뿐만 아니라 미국과 우리나라, 일본 등에서 사상, 학문, 예술, 정치 활동의 자유를 속박하는 수단으로 여전히 작동하고 있다. 미국이 변변한 진보 정당 하나 없는 반쪽짜리 정치 체제로 근근이 연명하는 것도 매카시즘이 가져온 후유증일 것이다. 그 때문에 오늘날 미국은 건강한 노동조합도 드물고 공공 의료 보험도 부실하며, 인종 차별·빈부 격차·마약·총기 범죄로 얼룩진 '가진 자들만의 천국'이 됐다. 무책임한 선동 정치가 낳은 결과이다.

한국 근현대사에도 매카시의 뺨을 칠 만한 선동 정치가들이 있는데, 그 원조는 단연 이승만이다. 그는 반공 이데올로기를 십분 활용하여 이른바 '빨갱이'라는 낙인을 찍어 수많은 국민을 처형하고 반쪽짜리 공화국의 초대 대통령 지위를 한껏 누렸다. 독립투사를 때려잡던 관동군 장교 출신으로, 18년간 무소불위의 권력을 휘두른 박정희 또한 매카시의 다른 얼굴이다. '사회 정의'를 내세웠으나 실상은 '정의'라는 말에 먹칠을 한 전두환도 매카시의 후손이다.

사실 매카시는 한 개인의 이름에 불과한 것이 아니다. 그 속에는 냉전 논리를 통해 막대한 이익을 노리던 군수업자와 인종 차별에서

쾌감을 느끼는 백인 우월주의자, FBI와 CIA 같은 공안 기구, 사실은 외면한 채 선동적 주장만 고스란히 대중에게 전달하는 언론의 얼굴들이 중첩되어 있다. 그렇다면 '경쟁'과 '시장'이라는 논리가 지배하는 이 신자유주의 시대의 매카시는 과연 누구일까?

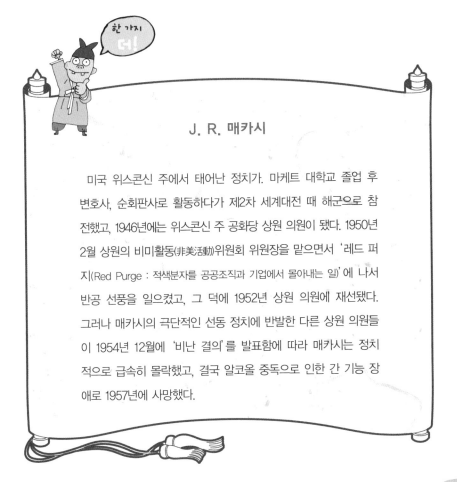

J. R. 매카시

미국 위스콘신 주에서 태어난 정치가. 마케트 대학교 졸업 후 변호사, 순회판사로 활동하다가 제2차 세계대전 때 해군으로 참전했고, 1946년에는 위스콘신 주 공화당 상원 의원이 됐다. 1950년 2월 상원의 비미활동(非美活動)위원회 위원장을 맡으면서 '레드 퍼지(Red Purge : 적색분자를 공공조직과 기업에서 몰아내는 일)'에 나서 반공 선풍을 일으켰고, 그 덕에 1952년 상원 의원에 재선됐다. 그러나 매카시의 극단적인 선동 정치에 반발한 다른 상원 의원들이 1954년 12월에 '비난 결의'를 발표함에 따라 매카시는 정치적으로 급속히 몰락했고, 결국 알코올 중독으로 인한 간 기능 장애로 1957년에 사망했다.

상앙을 '동양의 로베스피에르'라 할 수 있는 이유는?

근대 정치사에서 가장 돼먹지 못한 정치가로 니콜로 마키아벨리(Niccolò Machiavelli, 1469~1527)를 꼽는다. 서구 르네상스 시대 피렌체의 외교관이자 정치 사상가였던 마키아벨리는 『군주론』에서 "정치란 종교나 도덕적 규율로부터 자유로워야 한다."라고 주장했다. 또 군주는 부국강병을 위해서는 폭력이나 기만과 같은 비도적적인 수단도 적절히 활용해야 한다고 역설했다. 덕분에 마키아벨리는 '교활함'과 '이중인격'의 대명사가 되었고, 그 때문에 도덕적 보수주의자든, 피 끓는 혁명가든 모두 그에게 증오와 경멸을 보냈다.

그런데 마키아벨리보다 한참 전에 냉혹한 정치사상을 부르짖으며 강력한 통치의 전면에 선 인물이 있었다. 바로 중국 춘추전국시대 정치가로, 부국강병책의 교과서라고 할 수 있는 『상군서(商君書)』를 쓴 상앙(商鞅, B.C. 390~B.C. 338)이다.

강력한 법으로 백성의 불만을 억누른 독재자 상앙

상앙은 위(魏)나라에서 태어났다. 젊었을 때는 위나라 재상 공숙좌(公叔座)의 집안일을 맡아 보는 '중서자'라는 직에 있었다. 비록 서얼 출신의 하급직이었지만, 상앙은 타고난 똑똑함으로 공숙좌의 신임을 한 몸에 받았다.

그런데 공숙좌가 죽을병에 걸렸다. 그때 위나라 혜왕이 친히 문병을 왔다. 혜왕은 병환이 깊은 재상을 보고는 "이제 누구에게 사직을 맡겨야 하는가?" 하고 탄식했다. 그러자 공숙좌는 상앙을 후임자로 추천했다. 하지만 혜왕은 상앙을 탐탁지 않게 여기는 눈치였다. 그런 혜왕에게 공숙좌는 심각한 표정으로 아뢰었다.

"상앙을 쓰기가 마땅찮으시면 반드시 그를 죽이십시오. 절대로 나라 밖으로 나가게 해서는 안 됩니다."

혜왕은 건성으로 고개를 끄덕이고 돌아갔다. 그러자 공숙좌는 곧바로 상앙을 불러 놓고 자초지종을 알려 주며 어서 도망치라고 충고했다. 하지만 상앙은 공숙좌의 말을 믿지 않은 왕이 자신을 죽이지는 않을 것이라며 도망치지 않았다. 실제로 당시 혜왕은 공숙좌의 충고를 망령된 노인의 헛소리로 치부했다고 한다.

공숙좌가 죽고 세월이 흘렀을 때, 이웃 진(秦)나라 효공이 똑똑한 신하를 모집한다는 소문이 들렸다. 상앙은 기다렸다는 듯이 진나라로 건너갔다. 효공 앞에 선 그는 세 번에 걸쳐 자신의 정치 사상을 '프레젠테이션'했다. 처음에 그는 이상 정치와 '제왕의 도'를 말했다. 그러나 효공은 알아듣지 못했다. 두 번째로 그는 그저 그런 '왕의 도'에 대하여 말했다. 효공은 여전히 시큰둥했다. 세 번째 프레젠테이션에서 상앙은 무력으로 천하를 다스리는 '패자(覇者)의 도'에 대하여 말했다. 그제야 비로소 효공은 기뻐하면서 이 젊은 정치가를 등용했다. 효공은 오로지 힘으로 세상을 지배하는 꿈에 사로잡혀 있었던 것이다.

진나라의 실권자가 된 상앙은 이른바 '부국강병'을 위하여 여러 가지 강력한 법을 새로 만들었다. 팔다리와 머리를 각각 다른 수레에 매달고 그 수레를 반대 방향으로 끌어서 사람을 찢어 죽이는 '거열(車裂)'을 비롯하여 온갖 잔혹한 형벌도 고안해 냈다. 또 다섯 집이나 열 집을 한 조로 하여 서로 죄를 감시하고 구역 안에서 발생한 사건에 대하여 연대 책임을 지도록 했다. 죄를 고발하지 않거나 죄인을 숨겨 주는 자는 허리를 자르는 형에 처하고, 고발한 자에게는 푸짐한 상을 내렸다. 더불어 신분의 높낮이를 막론하고 엄격히 법을 적용했다. 심지어 태자가 사소한 법을 어겼을 때도 그는 어김없이 처벌하려고 했다. 그러나 주변에서 극구 만류하여, 결국 태자 대신 그 스승을 처벌하였다.

이처럼 강력한 법을 집행한 지 10년쯤 지나자 모든 백성이 법을 잘 지켰다. 길에 떨어진 물건도 몰래 줍는 사람이 없었고, 도둑질은 더더욱 줄어들었다. 백성들은 전쟁에 나가면 용감하게 싸웠지만 사사로운 다툼은 서로 참았다. "예전에는 새 법이 불편했지만 지금은 편리하다."라고 말하는 백성들도 있었다. 그러자 상앙은 이들이 교화를 어지럽힌다며 모조리 변방으로 쫓아 버렸다. 나라 법에 대해서는 긍정이든 부정이든 어떤 비판도 허용하지 않았던 것이다.

사실 강력한 법을 시행한 것은 결국 많은 조세를 거둬들이기 위해서였다. 예컨대 상앙은 성인이 된 남자는 무조건 분가하도록 함으로써 조세 수입을 늘렸다. 그래서 진나라는 부강해졌다. 하지만 백성들은 모두 입을 굳게 다물었다. 나라는 늘 조용했다.

스스로 만든 강력한 법이 부메랑으로 돌아오다

그럴 즈음 상앙은 군사를 이끌고 자신의 모국인 위나라에 싸움을 걸었다. 두 나라의 군사가 서로 대치하고 있을 때, 상앙은 위나라 군대의 지휘자인 공자 앙에게 편지를 썼다. '옛정'이 있어 차마 싸울 수 없으니, 만나서 술이나 한잔씩 하며 평화 협정을 체결하자는 것이었다. 공자 앙은 순진하게도 상앙의 말을 곧이듣고 회담장

역사적 장면으로 생각해 보는 정치·경제

85

에 나왔다. 그러나 상앙이 숨겨 둔 복병이 나타나서 그를 단숨에 묶어 버렸다. 그 사이 진나라 군대는 장수 없는 위나라 군대를 마음껏 유린했다. 그제야 위나라 혜왕은 일찍이 공숙좌의 충고를 듣지 않은 것을 크게 후회했다. 아마도 제 발등을 찍고 싶은 심정이었을 것이다.

탁월한 공적을 쌓아 진나라 재상이 된 상앙은 승승장구했다. 외출할 때는 수레 수십 대의 호위를 받을 정도로 그의 위세는 하늘을 찔렀다. 하지만 권불십년(權不十年)이라고 했던가. 진나라 종실과

외척들 사이에서 원망이 터져 나왔다. 뜻 있는 선비들의 비판도 이어졌다. 특히 조량(趙良)이라는 선비는 구구절절 구체적인 예를 들어 상앙의 권력욕을 비난했다. 그리고 몇 달 뒤, 상앙을 총애하던 효공이 죽고 새로 혜문왕이 즉위했다. 그와 때를 맞추어 왕실 측근들은 상앙이 반역을 도모했다며 모함에 빠뜨렸다.

혜문왕은 상앙을 죽이려고 했지만, 그 전에 상앙은 줄행랑을 놓았다. 그렇게 도망친 상앙은 국경에 이르러 객사를 찾았다. 하지만 그가 누구인지 모르는 객사 주인은 손을 내저으며 말했다.

"상군(상앙)의 법률에는, 증명서 없는 손님을 재우면 책임을 묻는다고 했습니다."

상앙은 통탄했다. 결국 자신이 시행한 강력한 법이 부메랑이 되어 날아온 것이었다. 상앙은 다시 위나라로 갔다. 하지만 위나라 사람들은 상앙이 공자 앙을 속인 일을 비난하며, 그를 다시 진나라로 되돌려 보냈다. 그러자 상앙은 자신의 영지에서 군사를 모아 진짜 반란을 일으켰다. 하지만 역부족이었다. 결국 진나라 군대에 붙들린 상앙은 일찍이 그 자신이 고안한 '거열형'에 따라 잔혹하게 처형당했다.

중국의 후대 역사가들은 상앙에 대하여 온갖 비난을 토해 냈다. 어떤 이는 상앙은 천성이 각박한 사람이라고 평가하기도 했고, 어떤 이는 효공에게 등용되기 위해 상앙이 마음에도 없는 제왕의 도를 말하는 등 헛소리를 지껄였다고 주장하기도 했다. 역사가들은 대부분 상앙을 매우 비열하고 악명 높은 정치가로 기록한 것이다.

사회 질서를 유지하는 으뜸 방법은 자발적 통제

맹자가 살던 시대에 극단적인 법가 사상을 펼치며 냉혹한 통치를 부르짖은 상앙을 역사가들은 흔히 '동양의 마키아벨리'라고 부른다. 그런데 사실 그의 행적을 자세히 살펴보면 로베스피에르가 떠오른다. 프랑스 혁명기에 단두대로 공포 정치를 휘두르다가 그 자신도 결국 단두대에서 목이 달아난 정치가 말이다. 자신이 영원히 법의 집행자일 줄 알았던 상앙. 차가운 지성 때문에 가슴까지 얼어붙은 그는 어쩌면 마키아벨리의 지성과 로베스피에르의 냉혹함을 두루 갖추었던 인물일지도 모르겠다.

근래 우리나라에서는 사형 제도를 폐지하자는 주장이 점점 힘을 얻고 있다. 10년 넘게 사형이 집행되지 않아서 우리나라도 이미 사실상 사형 폐지 국가에 속한다는 견해도 있다. 그러나 최근에 끔찍한 강력 범죄가 증가하면서, 사형 제도를 존치해야 한다는 목소리 또한 높아지고 있다. 강한 법은 과연 사회 질서 유지에 도움이 될까? 아마 겉으로는 그럴 것이다. 하지만 분명한 것은, 법이 강하다고 해서 강력 범죄가 근본적으로 줄어들지는 않는다는 것이다. 강한 법은 단지 백성들을 숨죽이게 할 뿐이고, 그래서 통치자의 수탈을 더 용이하게 해 줄 뿐이다. 진정으로 사회 질서를 유지하는 으뜸 방법은 강력한 법치가 아니라 자발적 통제일 것이다.

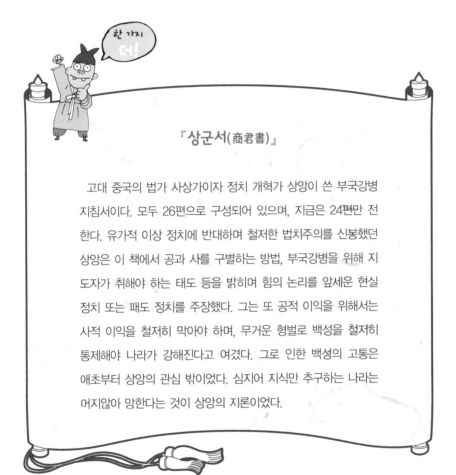

『상군서(商君書)』

　고대 중국의 법가 사상가이자 정치 개혁가 상앙이 쓴 부국강병 지침서이다. 모두 26편으로 구성되어 있으며, 지금은 24편만 전한다. 유가적 이상 정치에 반대하며 철저한 법치주의를 신봉했던 상앙은 이 책에서 공과 사를 구별하는 방법, 부국강병을 위해 지도자가 취해야 하는 태도 등을 밝히며 힘의 논리를 앞세운 현실 정치 또는 패도 정치를 주장했다. 그는 또 공적 이익을 위해서는 사적 이익을 철저히 막아야 하며, 무거운 형벌로 백성을 철저히 통제해야 나라가 강해진다고 여겼다. 그로 인한 백성의 고통은 애초부터 상앙의 관심 밖이었다. 심지어 지식만 추구하는 나라는 머지않아 망한다는 것이 상앙의 지론이었다.

정조는 왜 소설을 싫어했을까?

지난 몇 년 사이에 정조는 책과 영상 속에서 화려하게 부활했다. 그에게는 '개혁 군주' 또는 '성왕'이라는 수식어가 자연스레 따라붙었다. '이산'이라는 이름으로 자연인 정조의 사생활과 내면을 파헤치려는 시도도 이어졌다. 그는 죽은 지 200년 만에 후손들의 문화 콘텐츠로 되살아났고, 한국 미디어 시장의 새로운 아이콘이 됐다. 그러면서 한 가지 논란이 불거졌다. 정조가 18세기 조선의 르네상스 시대에 '표현의 자유'를 억압했다는 것이다.

정조의 치세 기간을 흔히 '조선의 문예 부흥기'라고 한다. 하지만 엄밀하게 말하면, 정조가 임금이 되기 전에 이미 조선은 르네상스 시대를 맞고 있었다. 붕당의 폐단으로 말미암아 정치는 불안정했지만, 병자호란 이후 싹이 튼 자주 의식에 더하여 북학이나 서학과 같은 외래 학문이 조선 선비들의 허기진 지적 욕구를 자극하던 바로 그 무렵이었다. 그와 같은 변화의 시기에 때맞춰 임금이 된 정조는 조선이라는 낡은 국가 체제를 유지하기 위하여 부지런히 '리모델링'을 하게 된다.

초계문신 제도와 문체반정으로 문풍 혁신 운동 추구

정조는 각 정파의 인재를 골고루 등용하여 국정에 참여케 하는 탕평책을 썼다. 붕당 간에 벌어지는 치열한 정쟁을 억누르며 왕 자신은 심판관이 된 것이다. 그것은 '이열치열' 전술이었다. 그러면서 정조는 강력한 왕이 되고자 했다. 더불어 그는 신하들에게 으뜸가는 스승이 되기를 원했다. 그래서 정조는 스스로를 '군사(君師 : 임금이면서 곧 스승)'라고 칭하면서 매우 열정적으로 정치와 학문의 일치를 추구했다.

한편 정조는 이른바 '문풍(文風) 혁신 운동'을 일으켰다. 이를 위하여 정조는 즉위 초기에 문화주의 정치를 표방하고, 그 추진 기관으로 규장각을 설치했다. 왕실에 부설된 소규모 도서관인 규장각을 국가 권력의 핵심 기관으로 재구성한 것이다. 그러면서 정조는 37세 이하의 젊고 재능 있는 문신들을 뽑아 규장각에 위탁 교육을 시키고 40세가 되면 졸업시킴으로써 자신에게 필요한 인재를 양성했다. 그것이 바로 초계문신(抄啓文臣) 제도이다.

정조는 매달 20일경에 규장각에 나가 초계문신들에게 직접 강의를 했다. 또 수강생을 대상으로 친히 시험도 실시했다. 이처럼 정조는 스승을 자처하면서 문신들에게 학문을 독려하는 동시에 인간적인 접촉의 기회를 넓힘으로써 대부분의 초계문신을 자신의 친위 세력으로 포섭하는 데 성공했다.

1781년(정조 5) 이후 정조 즉위 기간에 모두 10차례에 걸쳐 초계문신 138명이 배출됐다. 그 결과로 19세기 전반 고위 공직자의 절반 이상이 초계문신 출신들로 채워졌다. 하지만 규장각과 초계문신 제도를 통한 제도적 문화 정치는 노론 세력의 강한 반발을 불러왔다. 그것은 탕평의 논리에 어긋나기도 했던 것이다.

이에 초계문신 제도에서 한발 물러난 정조는 집권 후반기인 1790년대부터 이른바 '문체반정(文體反正)'이라는 문화 정책을 펼쳤다. 한문 문장의 문체를 단속하여 순정고문(醇正古文)으로 회복시킴으로써 문풍을 바로잡겠다는 그의 의지에서 비롯된 것이었다. 당시 정조가 눈엣가시로 여겼던 것은 그 무렵 청에서 흘러들어 와 유행하던 패관소품(稗官小品)이었다. 패관소품은 요즘으로 치자면 단편 소설과 수필의 중간쯤 되는 산문 형식의 글을 말하는데, 정조가 보기에 그것은 한마디로 '잡글'이었다. 그래서 정조는 오직 정통적인 옛 문체와 문장을 따르게 했다.

정조는 또 규장각에 있던 패관 소설을 소각시키고, 패관소품과 잡서(雜書)의 수입을 금했다. 그래서 청나라에 다녀오는 사람들은 압록강 어귀에서 소지품 검사를 당하기도 했다. 반면에 정조는 주자(朱子)의 시문이나 당송 8대가의 글월, 그리고 두보(杜甫, 712~770)의 육유시(陸游時) 등을 새로 간행하게 했다.

학문과 예술을 정치에 종속시키다

한편 당시 인기 작가였던 연암 박지원을 비롯해 많은 이들이 문체를 어지럽힌다는 이유로 비판을 받았다. 정조는 이들에게 반성의 의미로 때 묻지 않은 문체를 사용하여 문장을 지어 바치라고 강요했다. 그러자 문제의 선비들은 어쩔 수 없이 반성문을 쓰고 나서 혐의를 벗었다. 하지만 패관소품을 지어 문체를 타락시켰다고 지목된 이옥(李鈺, 1760~1812) 같은 선비는 끝내 자신의 문체를 고집하다가 조정에서 완전히 퇴출되기도 했다. 신세대 선비들 입장에서 이는 엄연히 '표현의 자유'에 대한 억압이었다. 또한 관권으로 학문과 예술을 통제하는 것은 모처럼 싹트려 하던 문학의 발전을 가로막는 일이었다.

정조가 권도로 행한 문체반정의 취지는, 청나라 오랑캐의 경박함이 깃든 문체를 바로잡자는 것이었다. 다시 말하자면 '소설은 배

척하고 시는 숭상'하자는 것이었다. 그러면 왜 정조는 소설을 그토록 싫어했을까? 그것은 소설이 지닌 리얼리즘적 속성 때문이었던 것으로 보인다. 당시 소설은 허울뿐인 양반 제도에 대한 불만과 조롱을 담고 있었다. 저 유명한 박지원의 소설 『양반전』이나 『호질』이 대표적인 예이다. '임금이자 스승'인 정조는, 그런 소설들 때문에 자신이 다스리는 왕국의 치부가 드러나는 것이 극도로 싫었을 터이다. 더불어 그러한 소설이 현실에 대해 불러일으킬 냉소적 비판도 두려웠던 모양이다.

한편으로 소설은 장르의 특성상 역사와 공동체 속에 매몰된 개개인의 삶을 재구성한다. 그래서 소설에는 투박하고 구체적인 삶의 언어들이 쓰이게 마련이다. 한마디로 언어의 다양성이 구현되는 장르가 바로 소설이다. 그런데 당시의 지배자들은 오직 고상하고 정제된 시어를 일정한 형식에 맞추어 늘어놓은 시문학에 익숙했다. 따라서 그들에게 소설의 언어들은 낯설고 고약하게만 느껴졌다. 하물며 체제 안정과 왕권 강화에 대한 사명감으로 똘똘 뭉친 정조에게 소설 언어는 더더욱 껄끄러웠다.

정조의 시론(詩論)에 따르면 시의 기능은 풍속을 바로잡는 것이다. 실제로 정조는 1795년에 신하들에게 자신의 시론을 이렇게 밝혔다.

"가까이는 아비를 섬기고 임금을 섬기며, 멀리로는 사방에 사신으로 나아가 역할을 수행하는 것이 모두 시의 효능이라 할 것이다.

(중략) 그런데 근세의 시들을 보면 슬프고 울적한 음조를 띠고 있으니 모두 시를 배우는 본뜻을 잃었다고 하겠다."

소설은 현실 체제를 비웃으며 변혁을 지향한다는 점에서 미래 지향적이며 진보적이다. 반면에 당시의 시는 과거를 지향하고 체제를 강화하는 보수적인 도구였다. 정조는 애초에 문학이나 예술의 고유한 정서적 기능에는 관심이 없었다. 그래서 소설은 '치세의 글'이 아닐 뿐더러 심신의 활동력을 분산시킨다고 여겼다. 정조가 소설을 싫어한 이유가 바로 그것이다.

이렇듯 정조는 학문과 문화를 철저히 정치에 종속시켰다. 주자학의 본고장 중국은 이미 오랑캐의 손에 넘어갔지만, 그 제후국이었던 조선의 국왕 정조는 다시 주자학의 뿌리를 열심히 캐냈다. 정조는 자신이 주자학의 정통 계승자임을 자부했고, 그것을 입증하기 위해 평생을 부단히 노력했다. 그는 27명의 조선 군왕 가운데 유일하게 문집을 남겼으니, 무려 180권 100책에 달하는 『홍재전서』가 그것이다.

왕조 체제를 강화한 개혁적 보수주의자 정조

자타가 인정하는 부지런한 군주였던 정조는 자기 개혁에 철저한 학자이자 정치가였다. 그렇다면 정조는 과연 개혁 군주였을까? 이 문제를 두고 한동안 논란이 많았다. 재위 기간에 여러 가지 통치 제도를 변화시켰다는 점에서 정조는 개혁 군주가 맞다. 그렇다면 그는 진보주의자였을까? 그것은 아니다. 정조는 강력한 군주가 되어 왕정 시대를 꽃피우려 했다. 그는 사회 개혁이나 체제 개혁을 추구하지는 않았다. 오히려 표현의 자유를 억압하면서까지 전통 체제 강화에 힘을 쏟은 보수주의자였다. 더불어 그는 너무 부지런해서 늘 피곤할 수밖에 없는 교조주의자이기도 했다.

언제부터인지 '수구(守舊)'나 보수에 대립하는 개념으로 '개혁'이라는 말이 '진보'와 짝을 이루어 사람들 입에 오르내리고 있다. 한편 사회 변혁 운동 관점에서 보면 개혁은 곧 개량(改良)이다. 또 그것을 추구하는 사상 경향을 개량주의(改良主義, reformism)라고 한다. 사회 체제의 근본적인 변혁을 시도하지 않고 자본주의의 모순과 결함을 점진적으로 개선하다 보면 결국 혁명의 성과와 비슷한 결과를 거둘 수 있다고 보는 경향을 비판적으로 일컫는 표현이 개량주의이다. 즉, 비슷한 내용의 사회 제도적 변화를 추구하더라도 보수 성향의 집권 세력이 추구하면 개혁이 되고, 사회 운동 세력이 추구하면 개량이 된다.

그런데 분명한 사실은 개혁이든 개량이든 우리가 살고 있는 자본주의 체제의 모순을 근본적으로 해결할 수는 없다는 것이다. 그러므로 노동자와 대다수 서민에게 결국 필요한 것은, 지금의 사회 체제를 근본적으로 뜯어고치는 일일 것이다.

개혁

　사회 제도 및 정치 체제의 근간은 그대로 둔 채 제도의 일부를 사회 발전에 적합하도록 개선, 변화시키는 것을 의미한다. 따라서 개혁은 있는 체제를 부정하지 않으면서 그것을 단지 제한적으로 보완할 뿐이다. 그런 점에서 개혁은 혁명과 구별되며, 이는 궁극적으로 기존 체제의 붕괴를 방지하는 것이다. 1894년에 시행된 갑오개혁, 그 이듬해에 시행된 을미개혁 등이 우리 역사에서 일어난 대표적인 개혁이다. 요즘 개발주의 정책이나 기업 경영에서 자주 쓰이는 '혁신(革新, Innovation)'은 기존의 과학 기술적 지식을 현실에 응용하여 새로운 가치를 창출하는 것을 의미한다. 따라서 개혁은 정치·사회적, 제도적인 개선과 변화를 뜻하는 것이고, 혁신은 과학 기술적 변화를 나타내는 개념이다.

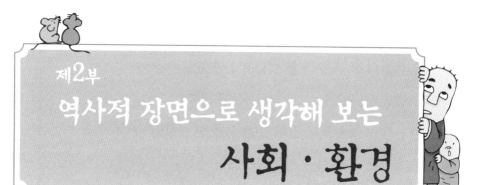

제2부
역사적 장면으로 생각해 보는
사회 · 환경

첨단 기술과 노동

선정주의

학벌 세습

세계화

개발주의

정보화 사회

사회적 기본권

양성 평등

지구 온난화

비정규직

로봇은 인간에게 행복한 미래를 가져올까?

고대 그리스·로마 경제는 노예들의 노동으로 돌아가고 있었다. 당시 로마 인들은 일할 때 쓰는 도구를 세 가지로 분류했다. 삽이나 수레 따위는 '소리 내지 않는 도구'라 하고, 소나 말 같은 가축은 '소리 내는 도구'라 했다. 이에 빗대어 인간의 형상을 한 노예는 '말하는 도구'라 불렀다. 오늘날 첨단 기술의 꽃으로 각광을 받는 **로봇**(robot)이 '인간을 닮은 기계'라면, 고대 노예들은 '기계를 닮은 인간'이었다. 이들은 라티푼디움이라는 대농장에서 온종일 채찍을 맞으며 고된 노동을 했고, 밤에는 창고에 갇혀서 지냈다. 노예들이 자유로워지는 유일한 방법은 용서받을 수 없는 문제를 일으켜서 주인의 손에 죽는 것뿐이었다.

기원전 1세기경 로마 인구는 150만 명 정도였으며, 그중 90만 명이 바로 '말하는 도구'였다. 노예 세 명이 로마 시민 두 사람을 먹여 살린 셈이다. 그러므로 노예는 첨단 노동 도구이자 으뜸가는 재산이었다. 따라서 당시 권력가들은 전쟁을 일으켜 노예를 확보하는 데 필사적이었다. 일례로 델로스 섬에서는 하루 1만여 명의 노예가 매매되었다고 하는데, 대부분 전쟁 포로들이었다. 로마의 영웅으로 칭송받는 카이사르는 갈리아 정복 때 무려 100만여 명의 노예를 얻었다고 하니, 그는 당시 최대 인신 매매 조직의 두목이었던 셈이다.

말하는 도구였던 노예들, 인간이 되고자 일어서다

그런데 생산의 주역인 노예들이 늘 고분고분했던 것만은 아니다. 최초로 기록된 노예 반란은 기원전 464년경 스파르타에서 일어났다. 대지진이 일어난 틈을 타 봉기를 일으킨 노예들은 이후 10여 년에 걸쳐 투쟁을 벌였다. 그 외에도 펠로폰네소스 전쟁 기간에는 한꺼번에 2만 명의 노예가 도망치는 바람에 아테네의 경제가 쑥밭이 됐고, 로마에서도 시칠리아 섬의 노예들이 기원전 135년과 기원전 103년에 반란을 일으켰다.

가장 강력했던 노예 반란은 기원전 73년에 일어난 '제3차 노예 전쟁'이다. 트라키아 출신의 검투사 스파르타쿠스(Spartacus, ?~

B.C. 71)와 그 동료들이 조직적으로 일으킨 이 반란은 검투사 양성소에서 시작됐다. 자신들의 피로 귀족과 부유층의 잔인한 취미 생활을 충족시켜 주던 검투사 200여 명은 피의 축제를 거부하고 양성소 담장을 넘었다. 하지만 그 과정에서 경비병에게 발각되는 바람에, 탈출에 성공한 검투사는 70여 명뿐이었다.

그들은 베수비오 화산으로 숨어들었고, 얼마 후 노예들을 모집하여 봉기했다. 순식간에 1만여 명의 노예가 봉기군에 가담했다. 이들은 베수비오 화산을 포위한 로마 군단을 배후에서 기습했다. 점점 숫자가 불어난 봉기군은 정부군 2개 군단을 격파했고, 남부 이탈리아 일대는 노예 봉기군의 수중에 떨어졌다. 트라키아 인, 갈리아 인, 켈트 인 노예들과 다수의 영세 농민까지 합세하여 봉기군의 수는 12만 명으로 급증했다.

파죽지세의 봉기군은 이탈리아 북부 알프스 산맥 앞에서 멈췄다. 스파르타쿠스는 알프스 산맥을 넘을 생각이었다. 하지만 따뜻한 지중해 연안이 그리웠던 대다수 봉기군은 시칠리아 섬에 노예 '해방구'를 만들자고 요구했다. 그들은 결국 왔던 길을 되돌아 남하하여, 마침내 이탈리아 반도의 엄지발톱쯤 되는 곳에 도착했다. 그러나 섬에 가기 위해 필요한 수백 척의 배를 한꺼번에 구할 수는 없었다. 그래서 그들은 지중해의 해적들에게 도움을 요청하려 하였으나, 불행히 해적들과의 협상은 이뤄지지 않았다.

로마 멸망의 원인은 노예 반란으로 인한 생산력 상실

그 사이 대오는 흐트러지고 있었다. 약탈에 맛을 들인 봉기군도 있었다. 머뭇거리던 봉기군은 이탈리아 동부 해안으로 발길을 돌렸다. 그리고 브린디시 항 부근에서 크라수스의 군단과 마지막 결전을 벌이게 됐다. 그 전투에서 스파르타쿠스를 비롯한 수많은 봉기군은 용감히 싸웠지만 대부분 전사했다. 살아남은 노예들도 정부군에 쫓기다가 포로가 됐고, 북쪽으로 간 무리들도 폼페이우스에게 격파당했다. 3년간 무려 6만 명의 노예들이 전사했고, 6,000명의 포로가 십자가에 못 박혀 죽었다.

그러나 노예 봉기는 거기서 끝나지 않았다. 스파르타쿠스는 전설적인 영웅으로 노예들의 가슴에 살아남았고, 이후 제2, 제3의 '스파르타쿠스 반란'의 불꽃으로 타올랐다. 그 과정에서 노동력과 생산성을 상실한 로마 제국은 결국 몰락하고 말았다. 노예 노동에 기대어 향락과 퇴폐에 빠진 로마 귀족과 시민은 이미 경제적 자립 능력을 잃어버렸기 때문이다. 이처럼 고대 로마 제국은 노예 제도가 가져다준 편안함 때문에 결국 무너지고 말았다. 로마의 지배자들은 노예 노동을 통한 육신의 편안함 속에서 결국 자신들의 영혼을 갉아먹었던 것이다.

인간은 끝없이 편안함과 편리함을 추구한다. 그러한 욕구는 지금도 실현되어 급기야 로봇 시대를 눈앞에 두고 있다. 그렇다면 머지않아 등장할 것으로 보이는 로봇 시대의 모습은 과연 어떠할까? 인간의 노동을 대신해 준다는 로봇은 우리 삶에 어떤 영향을 미치게 될까? 혹시 로봇들이 반란을 일으켜 오히려 인간을 기계에 종속시키지는 않을까?

1920년대, 체코슬로바키아의 소설가이자 극작가인 차페크(Karel Čapek, 1890~1938)는 자신의 희곡 작품 『로섬의 인조인간(Rossum's Universal Robots)』에서 기술 발달이 미래의 인간 사회에 초래할 결과를 비관적으로 그려 냈다. 모든 육체노동은 물론 정신노동까지도 인간과 똑같이 할 수 있는 인조인간 로봇. 그들은 인간의 지배를 받으며 모든 노동을 담당하지만, 감정과 영혼은 가지지 못한 채 마모되면 폐품으로 처리되는 비극적인 존재이다. 하지만 끊임없는 노동을 통하여 지능이 발달하고 반항심도 갖추게 된 로봇들은 마침내 자신들을 지배하는 인간을 멸망시키고 만다. 마치 스파르타쿠스의 반란으로 대표되는 고대 로마 제국의 노예 반란을 연상케 하는 작품이다.

로봇에게 노동을 빼앗긴 인간의 미래

그런데 실제로 로봇들이 반란을 일으킬 일은 없을 듯싶다. 오늘날 어린아이 정도의 인공 지능과 감각을 갖추고, 말도 하고 스스로 상황에 대처할 수 있는 이른바 '자율형 로봇'이 개발됐다고는 하지만, 로봇 회로와 인간 두뇌는 작동 원리가 근본적으로 다르기 때문이다. 그 근본적인 차이는 결코 해소되지 않을 것이다. 따라서 인간의 존엄성을 묵살하고 희생을 강요했던 노예제 사회에서는 늘 사회적 갈등이 존재할 수밖에 없었지만, 자아를 갖추지 못한 로봇들이 자신들의 권리를 주장하며 반란을 일으키는 일은 소설이나 만화 같은 허구 속에서나 가능하다. 한마디로 로봇과 인간 사이에 갈등이 빚어질 일은 없다.

그런데 로봇 노동이 일상화된 사회에서는 생각지도 못한 곳에서 심각한 문제가 일어날 수 있다. 로봇의 이용은 급격한 생산성 증대라는 결과를 가져온다. 따라서 로봇은 산업 현장에서 점점 노동자를 몰아내고 작업장을 장악하게 될 것이고, 작업장에서 밀려난 노동자가 실업자가 되는 것은 불을 보듯 뻔한 일이다. 갈등은 바로 여기에서 일어난다. 로봇과 인간 사이에서가 아니라, 인간과 인간 사이에서 새로운 마찰이 생기는 것이다.

새로운 일자리를 만들면 되지 않느냐는 생각은 그래서 지극히 순진한 발상이다. 다행히 작업장에 남거나 새로운 일자리를 얻게 되더라도 '임금 저하'라는 난관을 피하기는 어렵기 때문이다. 그리하여 로봇 시대에는 결국 '노동'을 빼앗긴 수많은 인간이 무기력한 존재로 전락하게 될 것이다. 이러한 문제를 해결할 방법은 없는 것일까? 불행히도 지금과 같은 사회 체제 속에서는 뾰족한 대안이 없어 보인다. 로봇의 이용 자체를 강력히 제한하면 되겠지만, 시장 중심의 자본주의 체제에서 기업의 생산성을 억누르는 것은 쉬운 일이 아니기 때문이다.

그렇다면 강력한 사회 보장 제도를 시행하여 많은 이들이 '놀고 먹는' 세상을 만들면 되지 않을까? 그러기 위해서는 엄청난 재원이 필요하다. 그러나 '작은 정부'와 '규제 완화'가 기치가 되어 버린 신자유주의 시대에 많은 세금을 걷기란 쉽지 않다. 대책 없는 실업 자들은 로봇을 소유한 자본가들의 '적선'에 기대어 겨우 배고픔이나 면하는 세상이 올지도 모른다. 그다지 맞이하고 싶지 않은 미래이다.

로봇

　사람의 모습을 하고 사람처럼 움직이는 기계를 뜻하는 로봇은 '일하다' 라는 뜻의 체코어 'robota'에서 온 말이다. 그리스·로마 시대에는 종교 의식의 도구로 원시적 형태의 로봇이 만들어졌다고 한다. 중세 때에는 문을 열어 주거나 악기를 연주하는 자동인형이 장난감의 개념으로 만들어지기도 했다.

　20세기에 들어 과학 기술이 발달하면서 한층 정교한 로봇들이 제작되기 시작했는데, 최근에는 우주나 바다 밑, 인체 속 등 인간이 직접 투입되기 어려운 환경에서 작업을 수행하는 로봇이 속속 개발되고 있다. 이러한 로봇 제작 기술은 인간의 노동을 대신하게 될 꿈의 기술로 인식되고 있지만, 생산성을 높이기 위해 인간 대신 로봇을 투입함으로써 빚어지는 여러 사회 문제들도 결코 간과해서는 안 될 것이다.

드레퓌스를 죽이고 살렸던 것은 모두 언론이었다?

2005년 6월, 한 20대 여성이 애완견을 데리고 지하철을 타고 가는데, 애완견이 갑자기 바닥에 설사를 하고 말았다. 그러자 여성은 개만 닦아 주고 배설물은 치우지 않은 채 다음 정거장에서 그냥 내리고 말았다. 결국 같은 칸에 타고 있던 한 할아버지가 그것을 치웠다. 이 광경을 지켜본 다른 승객이 그 과정을 사진에 담아 인터넷에 올렸다. 이를 본 분노한 누리꾼들은 인터넷에서 사진을 마구 퍼 날랐고, 이 여성에게는 마녀사냥 식 비난이 쏟아졌다. 마침내 그 사진은 신문과 방송의 뉴스를 통하여 대중에게 알려지며 가히 폭발적인 반응을 일으켰다. 일부 누리꾼들은 그 여성의 얼굴과 신상명세를 찾아 공개함으로써, 문제의 여성이 정상적인 사회 생활을 할 수 없도록 만들었다. 이것이 소위 '개똥녀' 사건이다.

2007년 9월 13일, 당시 학력 위조와 권력형 비리 사건으로 나라를 떠들썩하게 하여 세간의 지탄을 받던 30대 여성 큐레이터 신아무개의 누드 사진이 어느 석간신문에 실렸다. 그 사진은 인터넷에서 무수히 복사되어 파문을 일으켰다. 그러자 당장 신문의 선정성에 대한 비판이 일었고, 신문사는 결국 다음 달 18일에 사과문을 올리면서 "국민의 알 권리를 최우선적으로 고려했다."라는 변명도 덧붙였다. 대한민국 국민이라면 피의자의 누드까지 알 권리를 가지고 있다는 뜻이었을까?

여론 재판에 휘말린 유대인 장교 드레퓌스

언론의 **선정주의**(煽情主義)는 대중의 집단적인 광기를 불러일으켜 한 개인을 철저하게 매장하기도 한다. 역사에서 언론의 광기가 가장 무섭게 번뜩인 사건은 아마도 100여 년 전에 프랑스에서 일어난 '드레퓌스 사건'일 것이다.

반유대주의 바람이 거세게 불고 있던 19세기 후반, 혁명의 나라 프랑스에서는 억울하게 간첩 누명을 쓰고 감금당한 한 유대인 장교 때문에 언론이 매우 시끄러웠다. 이른바 '드레퓌스 사건'의 시작이었다. 프랑스 알자스 지방의 유대인 가정에서 태어난 알프레드 드레퓌스(Alfred Dreyfus, 1859~1935)는 1892년에 육군대학을 우수한 성적으로 졸업하고 육군참모본부에 배속되어 곧 대위로 진급했다. 유대인으로서는 상상하기도 힘든 엘리트 코스였다.

그러던 1894년 10월 15일 아침, 드레퓌스 대위는 육군성에서 보낸 출두 명령서 한 장을 받아 들고 육군성의 참모총장실로 갔다. 그곳에서 드레퓌스를 맞이한 사람은 참모총장이 아닌 정보 담당자 뒤 파티 소령이었다. 소령은 펜과 종이를 내밀며 다짜고짜 명령했다.

"대위는 내가 시키는 대로 편지를 써라. 모든 일은 비밀이니 질문은 하지 말도록!"

드레퓌스는 잠시 어리둥절해 있다가 소령이 부르는 대로 편지를 받아썼다. 편지를 다 쓰고 나자 소령이 갑자기 일어나서 드레퓌스의 어깨에 손을 얹으면서 외쳤다.

"법의 이름으로 제군을 체포한다. 대위는 반역죄로 고발당했다."

마른하늘에 날벼락을 맞은 듯 드레퓌스는 멍한 얼굴을 하고 있었다. 그때 갑자기 헌병들이 들이닥쳐 드레퓌스에게 수갑을 채우고 밖으로 끌어냈다. 드레퓌스는 그 길로 세르슈미디 감옥에 갇혔다. 가족 면회조차 금지당한 채 두 달 동안 그곳에 감금되어 있던 드레퓌스는 변호사와 첫 접견을 하고 나서야 자신이 '간첩' 혐의로 체포됐음을 알았다.

이때 「리브르 파롤」 지를 비롯한 반유대주의 언론은 드레퓌스 사건을 경쟁적으로 보도했다. 신문들은 한결같이 "드레퓌스 대위가 간첩 혐의로 체포되었는데, 전 유대인이 이 사건을 무마하기 위한 운동을 벌이고 있다."라고 보도했다. 그러자 독자들은 유대인 출신 장교가 참모본부에 들어갔다는 사실 하나만으로도 분노했다. 여론 재판이 시작된 것이다.

1894년 12월 19일, 군사 재판이 비공개로 진행됐다. 논고에 따르면, 드레퓌스가 파리 주재 독일 대사관 요원에게 편지로 군사 기밀을 유출시켜 적국을 이롭게 했다는 것이었다. 그러면서 재판부는 드레퓌스가 독일군 중령에게 썼다는, '명세서'라는 이름의 이상한 편지를 증거로 제시했다. 필적 감정도 통하지 않았다. 변호인의 변론은 극히 제한됐고 피고인 진술 역시 불리하게 진행됐다. 마침내 재판관 전원 일치로 종신 금고형이 선고됐다. 변호인의 상고(上告)도 기각됐다.

집단 광기 속에서 진실을 일깨우는 언론

1895년 1월 5일, 파리에 있는 사관학교 교정에서 드레퓌스의 계급을 박탈하는 의식이 열렸다. 한겨울 추위가 매서웠지만, 사관학교 교정에는 수많은 군중이 몰려와서 유대인을 해치우라고 외쳐댔다. 드레퓌스는 비로소 군중이 외치는 소리가 무엇을 뜻하는지

깨달았고, 자신이 유대인이라는 사실에 절망했다. 그리고 곧바로 배에 실려 망망한 대서양을 3개월이나 항해한 끝에 1895년 4월, 남아메리카의 프랑스령 기아나에 있는 속칭 '악마의 섬'에 이르렀다. 그리고 고통스러운 유배 생활이 시작됐다.

한편 드레퓌스가 악마의 섬에 갇힌 지 3개월쯤 지난 1895년 7월, 프랑스 참모본부의 새 정보 책임자로 임명된 피카르 중령은 참모본부 내에 아직도 간첩이 있음을 감지했다. 피카르 중령은 드레퓌스 사건 관련 서류를 꺼내어 살펴보았다. 드레퓌스가 진범이 아니라는 심증을 굳힌 피카르 중령은 1년에 걸쳐 재조사를 하게 된다. 그 결과 그는 간첩 사건의 진범이 에스테라지 소령이며 드레퓌스는 무죄라는 결론을 내렸다. 피카르 중령은 그 내용을 의기양양하게 참모본부에 보고한 뒤 공식적인 재수사 지시를 기다렸다. 그러나 그에게 내려진 것은 전출 명령서였다. 결국 피카르는 1896년 말경에 북아프리카의 튀니지로 전출당하고 말았다.

분노한 피카르는 전출지로 떠나기에 앞서 한 변호사에게 드레퓌스 사건의 진상에 관한 이야기를 해 주었다. 그러자 변호사는 그 내용을 상원 부의장 슈렐 게스트네르에게 전했다. 게스트네르는 변호사의 말을 반신반의하다가 재조사를 했고, 결국 피카르의 결론이 옳다는 것을 믿게 됐다.

몇몇 지식인을 중심으로 재심(再審) 운동이 벌어졌다. 드레퓌스

구명 운동에 가장 적극적으로 참가한 사람은 유명한 작가 에밀 졸라였다. 졸라는 펜의 예봉을 휘둘러 '진리를 위한 투쟁'에 동참하자고 호소했다. 1897년 11월 졸라의 논설이 「피가로」 지에 게재됐다. 그러나 곧 「피가로」 지는 폐간되고 말았고, 졸라는 다시 「오로르」 지에 글을 게재했다.

시민들이 적극적으로 구명 운동을 벌이자 참모본부도 계속 귀를 막을 수는 없었다. 1898년 1월 10일, 진범으로 간주된 에스테라지에 대한 군법 회의가 드디어 열렸다. 과연 드레퓌스는 누명을 벗었을까? 엉뚱하게도 군사 법정 재판부는 에스테라지에게 전원 일치로 무죄 판결을 내렸다. 구명 운동보다는 반유대주의 여론의 압력이 더 컸던 모양이다. 애초에 범인으로 지목된 드레퓌스에게 편지의 필적 따위는 의미가 없었다. 드레퓌스가 유대인이라는 사실이야말로 문제의 핵심이기 때문이었다.

제4의 권력으로 자리 잡은 언론의 두 얼굴

드레퓌스 사건은 영원히 암흑 속에 묻히는 듯했다. 하지만 졸라의 양심은 다시 빛을 발했다. 그는 피를 토하는 필치로 '나는 고발한다!'라는 기사를 「오로르」 지에 기고했다. 신문은 밤새 인쇄되어 무려 30만 부가 발행됐다. 평소의 30배나 되는 부수였다. 그리고 1898년 1월 13일 새벽, 「오로르」 사의 모든 직원들은 잉크 냄새

비릿한 신문 다발을 들고 파리 시내를 누볐다. 이들은 오로지 진실을 밝힌다는 사명감 하나로 파리 시내를 온통 신문으로 도배했다.

결과는 대성공이었다. 드레퓌스의 이름이 다시 사람들 입에 오르내렸다. 시민 혁명과 공화주의 전통을 계승하려는 파리 시민들은 뒤늦게 참모본부를 규탄했다. 그러나 졸라는 참모본부를 모략했다는 이유로 재판에 회부되어 유죄 판결을 받았다. 아프리카로 전출당한 피카르 중령도 소환되어 조사를 받았다.

완강한 반유대주의의 물결에 밀려 드레퓌스 구명 운동은 쉽게 진척되지 않았다. 그러나 규탄의 목소리를 의식한 당국은 무작정 사건을 덮어 둘 수만은 없어서 1899년 6월에 드레퓌스를 본토로 이감시켰다. 유배 생활 4년 만이었다. 그리고 그해 9월, 드디어 드레퓌스는 대통령의 특별 사면으로 풀려났다.

당시 프랑스 언론은 반유대주의 광기와 협잡하여 드레퓌스에게 간첩 누명을 씌우는 데 앞장섰다. 하지만 또 다른 언론은 결국 진실을 밝혀 억울한 장교의 누명을 벗겨 주었다. 입법, 사법, 행정과 함께 오늘날 제4의 권력으로 자리 잡은 언론은 이처럼 두 얼굴을 가지고 있다. 한 얼굴은 권력의 그늘 속에 감춰진 추악한 몰골을 들추어내어 진실을 밝히고, 또 다른 얼굴은 대중의 광기를 부추겨 집단적 사디즘을 일으키기도 한다. 오늘날 우리 사회의 언론은 어떤 얼굴을 하고 있는지 잘 살펴볼 일이다.

선정주의

철학과 문학에서 유래된 용어이다. 영어로는 센세이셔널리즘 (sensationalism)이라고 하며, 말초적 본능과 호기심을 자극하여 대중의 눈길을 끌어 보려는 보도 경향을 말한다. 돈벌이를 목적 으로 한 자본주의 사회의 대중 매체는 구독률과 시청률을 높이기 위하여 경쟁적으로 선정적 보도를 일삼는다. 대중의 정서를 자극 하는 범죄와 폭력, 성에 관한 기사, 유명인의 추문 따위가 그런 예다. 자본주의 국가에서 관행이 되어 버린 이러한 경향은 대중 의 가치관을 혼란시킬 뿐 아니라 정치적 무관심을 야기한다.

한편 선정주의에 매몰된 전형적인 언론을 황색 언론, 즉 옐로 페 이퍼(yellow paper)라고 한다. 1889년에 조지프 퓰리처는 「뉴욕 월 드」일요판에 황색을 입은 소년이 등장하는 '옐로 키드(yellow kid)' 라는 만화를 게재했는데, 윌리엄 랜돌프 허스트가 이를 흉내 내어 「모닝 저널」에도 '옐로 키드'를 게재했다. 그러면서 두 신문사 간 에 치열한 경쟁이 전개됐고, 이후 선정적 기사를 게재하는 신문을 옐로 페이퍼 또는 옐로 프레스(yellow press)라 부르게 됐다.

역사적 장면으로 생각해 보는 사회·환경

조선 후기의 과거장은
난장판이었다고?

유교적 관리 선발 제도인 과거 제도
는 본디 중국 수나라 때 본격적으로 실시되어 청조 말까지 1,300여
년 동안 시행됐다. 우리나라에서는 신라 원성왕 4년(788)에 실시
된 '독서삼품과'를 과거제의 효시로 본다. 하지만 정식 관리 선발
제도로 과거 제도가 도입된 것은 고려 광종 9년(958)이었다. 당시
후주 출신으로 고려에 귀화해 온 '쌍기'라는 사람의 건의로, 당나
라 제도를 모방하여 과거제를 시행한 것이다. 그런데 고려 시대의
과거 제도는 상류층에 특혜를 주는 음서제와 병행됐고, 무과가 없
었으므로 여전히 반쪽짜리 제도였다.

조선 시대에 와서 비로소 문·무과로 나뉘어 과거 제도가 실시됐

다. 역과나 의과 따위의 잡과도 생겼다. 그런데 조선은 문치주의 국가였으므로 단연 문과가 중시됐다. 문과는 다시 하급관리인 생원과 진사를 뽑는 소과와, 3년에 한 번씩 고급관리를 뽑는 대과로 분류됐다. 그러나 식년시 외에 '증광시', '별시', '알성시' 등 여러 가지 이름으로 임시 시험이 있어서 실제 합격자는 더 많았다.

조선 시대 과거장은 사람이 죽어 나가는 난장판

공정한 절차에 따라 유교 사상을 갖춘 인재를 등용하는, 매우 모범적인 문명 제도였던 과거 제도는 그전까지 혈연이나 파벌에 따라 세습적으로 이뤄지던 인재 등용의 관행을 바꾸었다. 오늘날의 행정 고시, 사법 고시 등 국가 고시도 과거 제도의 바탕 위에 도입된 것이다. 그렇다면 '공정함'을 기치로 내걸고 시행된 과거 제도는 실제로도 공정하게 시행됐을까?

단적으로 말하면, 조선 시대 과거 제도는 난장판이었다. 이미 세종 대부터 대리 시험과 감독관의 부정을 지적하는 기록이 보인다. 이른바 '커닝페이퍼'에 해당하는 예상 답안지를 미리 만들어 가는 것은 기본이었다. 시험장에 책을 들고 가는 '협서(挾書)'도 예사였다. 이수광은 『지봉유설』에서 "법이 해이해져서 응시생이 들고 온 책으로 과장(科場)이 마치 책가게와 같았다."라고 지적했다. 또 성호 이익은 "과장에 들어간 사람 가운데 글을 직접 짓는 사람은 10분의

1밖에 안 된다."라고 했다. 대리 시험이 다반사였다는 말이다. 다른 수험생과 짜고 답안지를 바꿔치기하는 일, 채점관을 매수하거나 합격자의 이름을 바꿔치기하는 경우도 많았다.

시험 부정을 위하여 '첨단 기술'도 동원됐다. 숙종 31년에 성균관 앞 반촌(泮村)의 한 아낙은 밭에서 나물을 캐다가 노끈이 땅에 묻힌 것을 발견했다. 노끈은 땅속에 묻은 대나무를 통하여 과거 시험장으로 연결되어 있었다. 누군가 밖에 있는 자에게 시험 문제를 보여 주고 답안지를 작성하게 한 뒤, 그것을 되받아 제출하는 수법을 쓴 것이다. 당국이 조사를 했으나 범인은 잡을 수 없었다.

과거 시험에 응시하는 사람들이 모두 순수한 수험생이었던 것 또한 아니었다. 임금이 직접 주관한 과거장에서도 이는 마찬가지

였다. 일례로 정조 24년 3월 21일에 3개소에서 나누어 실시한 과거 시험 응시생은 모두 11만 1,838명이었다. 그러나 답안지를 제출한 것은 그중 3분의 1 정도였을 뿐, 나머지 수험생은 대부분 빈둥거리며 놀고먹는 잡된 무리였다. 그들이 관광 목적으로 한양에 몰려들다 보니 과거장이 북적거리게 된 것이다.

과거 시험에서는 따로 문제지를 나눠 주지 않기 때문에 문제가 제시된 현제판(懸題板)에 다가가서 직접 문제를 적어 와야 했다. 따라서 수험생은 현제판에 가까운 자리를 잡기 위해 치열한 경쟁을 벌였다. 그래서 밤을 새워 과장 밖에서 기다리다가 새벽에 문이 열리면 밀물처럼 과장으로 들어가면서 몸싸움을 벌였다. 그런 과정에서 부상자는 물론이고 밟혀 죽는 이도 있었다. 서로 싸우다가 사람이 죽어 나가는 난장판, 그것이 바로 조선 시대 과장의 풍경이었다.

과거에 합격해도 문벌과 출신에 따른 차별은 여전히 남아

조선 시대에 과장에 출입하는 것은 양반 행세를 할 수 있는 중요한 근거가 됐다. 실력이 안 되는 사람도 '체면'을 의식해 과거에 몰렸으니 과장이 터져 나가는 것은 당연한 일이었다. 그러다 보니 분업화된 대리 시험도 있었다. '거벽(巨擘)'은 돈을 받고 답안 내용을 전문적으로 지어 주는 사람이고, '사수(寫手)'는 글씨를 대신 써 주는 사람이었는데, 거벽과 사수를 고용한 세력가의 자제는 과장에서 팔짱 끼고 앉아 구경이나 하면 그만이었다. 오늘날과 비교하자면 수백만 원이 드는 고액 과외를 과목별로 받고 '대리 시험'까지 치르게 하는 졸부 집의 자녀들과 비슷한 형태였는데, 이런 것이 가능하니 글자를 모르고도 과거에 합격하는 사람이 생겨나기도 했다. 『청구야담』에는 영조 때 암행어사 박문수도 문필이 짧아 시골 유생을 속여서 과거에 합격했다고 기술하고 있다. 당시 거벽과 사수는 이처럼 소설에 등장할 정도로 일반화되었던 것이다.

거벽으로 유명한 사람은 류광억이다. 정조 때 소설가 이옥(李鈺)이 지은 『류광억전』의 주인공이기도 한 그는 실제로 과문(科文)을 팔아 생계를 유지했던 사람이었다. 받은 돈의 액수에 따라 답안지의 수준을 조절할 정도로 전문 대필가였다는 류광억. 그는 원래 뛰어난 고시생이었으나 출신의 벽에 부딪혀 결국 과문 대필을 직업으로 삼게 된 것이었다.

한편 훌륭한 답안을 작성하는 것만으로 합격을 기대할 수는 없었다. 답안지를 빨리 내기 위해 응시자들은 또 일대 경쟁을 벌였다. 응시자가 너무 많아지자 채점관들이 답안지의 앞머리만 훑어보고 채점을 하는 일이 비일비재했고, 그러다 보니 주로 답안을 일찍 제출한 이들 가운데에서 합격자들이 나왔기 때문이다. 예컨대 정조 24년의 초시(初試) 답안지는 3만 8,000여 장이었는데, 대부분의 합격자가 최초 접수한 300장 안에서 나왔다는 기록도 있다. 답안지의 1퍼센트만 채점하여 합격자를 가려내는 국가 고시가 버젓이 시행되었던 것이다.

18세기에 이르러 이미 과거 제도는 인재 선발 기능을 잃었다. 이익이 쓴 『성호사설』에 따르면 당시 문과 합격자가 갈 수 있는 벼슬자리는 실제 500개에 불과했다. 대개 관료 한 사람의 평균 재임 기간은 30년 정도인데, 그 사이에 뽑힌 과거 합격자 수는 2,330명에 이르렀다. 그러므로 500명을 제외한 나머지 1,830명은 실업자가 되는 것이다. 이처럼 관료 예비군이 넘쳐나자 엽관(獵官 : 관직을 얻으려고 갖은 방법으로 노력함)과 관직 매매가 성행하게 된다. 당쟁 역시 이로 말미암아 생겨났다는 것이 이익의 견해다.

과거는 원칙적으로 천민을 빼고 누구나 응시할 수 있었다. 그러나 재산이 없어 공부할 여건이 되지 않은 대다수 백성에게는 그림의 떡일 뿐이었다. 오늘날 '교육 기회의 균등'이라는 교육 이념이 한갓 구호에 머무는 것과 비슷한 상황이었다. 어쩌다 돈푼깨나 있는 중인이나 양가의 서얼이 과거에 합격한다 해도 판서나 정승 같은 요직에 오를 수는 없었다. 심지어 양반이라도 문벌이 변변찮으면 임용 때 차별을 받아 미관말직에 머물러야 했다.

신분 세습을 정당화하는 학벌 세습

과거가 공정성을 잃는 과정은 파벌 독재 정치와 세도 정권이 성립하는 과정과 일치한다. 과거를 아무리 자주 치러도 권력을 갖게 되는 핵심 지배층은 특정 소수 가문들이었다. 그래서 정약용은 "합격자를 발표할 적에 보면 '시(豕)'자와 '해(亥)'자도 분별하지 못하는 젖내 나는 어린애가 장원을 차지하기 일쑤"라고 했다. 그 '젖내 나는 어린애'는 물론 권세가의 자제였다.

조선 후기 지배층 사이에서는 과거를 개혁하기 위한 수많은 논의가 있었다. 하지만 1894년에 과거 제도가 폐지될 때까지 그 폐단은 고쳐지지 않았다. 지배층 스스로가 이미 부정 시험의 수혜자들이었으므로 고칠 까닭이 없었던 것이다. 사회 구조 자체가 그랬다. 과거 시험은 오늘날 국가 고시가 그렇듯 한번 합격하면 평생 특권을 보장하는 제도였다. 그러한 특권 의식으로 관존민비(官尊民卑) 관습이 생겨났다. 그리하여 사회가 다원화된 오늘날에도 많은 젊은이들이 국가 고시와 공무원 시험에 목을 매고 있는 것이다.

어디 국가 시험뿐이랴. 오늘날 대학 입시는 옛 과거의 초시와 별로 다를 바가 없다. 조선 후기에 과장이 송곳을 꽂을 틈도 없이 사람들로 붐볐던 것처럼, 지금도 해마다 수십만 수험생이 입시 열병을 앓는다. '부존빈비(富尊貧卑)' 사회에서 '명문대'와 '인기 학과'에 진학하여 학벌을 얻고, 그에 힘입어 안정된 직장과 부를 얻기 위함이다. 학벌을 통한 '성공 신화'에 사회 전체가 중독되어 있다. 그런데 오늘날에는 학벌 경쟁의 승패가 개인의 노력이 아닌, 그것에 쏟아 붓는 비용에 따라 대부분 결정되는 **학벌 세습** 현상이 나타나고 있다. 다시 말해 지금 명문대 입시나 국가 고시는 막대한 비용을 지출할 수 있는 부잣집 2세들만의 잔치로 전락하고 만 것이다. 그 래서 '개천에서 용 난다' 라는 속담은 까마득한 옛말이 됐다. 우리 는 아직도 조선 시대에 살고 있는 것이다.

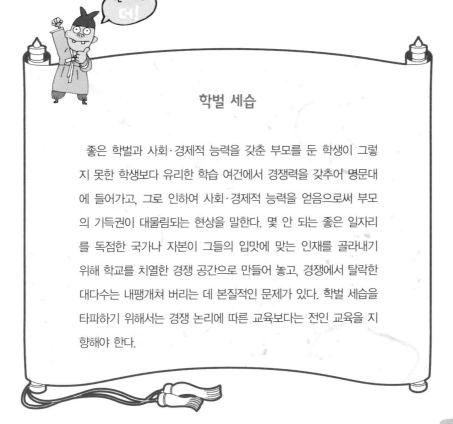

학벌 세습

좋은 학벌과 사회·경제적 능력을 갖춘 부모를 둔 학생이 그렇 지 못한 학생보다 유리한 학습 여건에서 경쟁력을 갖추어 명문대 에 들어가고, 그로 인하여 사회·경제적 능력을 얻음으로써 부모 의 기득권이 대물림되는 현상을 말한다. 몇 안 되는 좋은 일자리 를 독점한 국가나 자본이 그들의 입맛에 맞는 인재를 골라내기 위해 학교를 치열한 경쟁 공간으로 만들어 놓고, 경쟁에서 탈락한 대다수는 내팽개쳐 버리는 데 본질적인 문제가 있다. 학벌 세습을 타파하기 위해서는 경쟁 논리에 따른 교육보다는 전인 교육을 지 향해야 한다.

콜럼버스는 '한탕주의자' 였다?

산악인들은 왜 죽음을 무릅쓰고 눈 덮인 에베레스트를 오르려는 것일까? 저 유명한 대중가요 '킬리만 자로의 표범'에 나오는 표범은 아예 묻지 말라고 질문을 막아 버릴지도 모른다. 하지만 영국의 전설적인 산악인 조지 맬러리(George H. L. Mallory, 1886~1924)는 비슷한 물음에 대하여 이렇게 답했다.

"산이 거기 있어서!"

그렇다면 이미 500여 년 전에 수만 리 낯선 바닷길 항해에 나선 크리스토퍼 콜럼버스(Christopher Columbus, 1451~1506)에게 "왜 목숨을 걸고 바다로 가느냐?"라고 물어본다면 과연 뭐라고 답할까? 킬리만자로의 표범처럼 묻지 말라고 할까, 아니면 산악인 맬러

리처럼 "바다가 거기 있어서!"라고 할까?

황금 약탈을 위해 떠난 탐욕의 항해

아메리카 대륙을 발견한 사람으로 널리 알려진 콜럼버스는 이탈리아 제노바 출신이다. 그는 일찍이 선장의 딸과 결혼했고 그 인연으로 해도(海圖) 만드는 일을 했다고 한다. 그러면서 서쪽으로 항해를 계속하면 인도에 다다를 수 있다는 믿음을 굳히게 됐다. 그러던 1484년, 콜럼버스는 포르투갈 왕 주앙 2세에게 대서양 항해 탐험을 제안했다.

하지만 당시 바르톨로뮤 디아스와 바스코 다 가마 등 탐험가들을 내세워 아프리카 희망봉으로 항해를 준비하던 주앙 2세는 뱃길의 방향이 다른 콜럼버스의 제안을 거절했다. 대서양 쪽으로 머리를 비죽 내민 포르투갈은 15세기 초반부터 해양 강국이었다. 그래서 아프리카 서해안을 따라 동양으로 가는 항로를 적극적으로 개척하고 있었던 것이다.

콜럼버스는 포르투갈에서 상한 자존심을 회복하기 위하여 스페인 쪽으로 눈을 돌렸다. 1492년 4월, 해외 진출에 관심을 갖고 있던 스페인의 이사벨 여왕은 그 위험한 도박성 프로젝트에 관심을 보이며 콜럼버스와 사업 계약을 체결했다. 이른바 '산타페 협약'이 그것이다. 콜럼버스는 발견한 땅의 총독으로 임명되어 그 땅에서

나는 재물의 10퍼센트를 가지며, 그 권한은 모두 자손에게 상속된다는 것이 계약 내용의 골자였다.

이사벨 여왕은 콜럼버스에게 선박과 항해 자금을 제공했으나, 위험한 뱃길에 함께할 선원은 쉽게 모이지 않았다. 이에 이사벨 여왕은 과거의 모든 죄를 면해 준다는 조건을 내걺으로써 죄수들로 하여금 선원으로 자원하게 했다. 또한 산타마리아 호의 선주 핀손도 자신의 배를 끌고 콜럼버스의 항해에 동참했다. 그리하여 1492년 8월 3일, 콜럼버스는 세 척의 배와 선원 120명을 이끌고 팔로스 항을 떠났다.

두 달여 뒤에 그의 선단은 카리브 해의 바하마 제도에 이르렀다. 이어 쿠바를 경유하여 히스파니올라 섬도 발견했다. 그곳을 인도의 일부라고 여겼던 콜럼버스는 그 일대의 섬에 '서인도 제도'라는 이름을 붙였다. 히스파니올라 섬을 식민지로 삼은 콜럼버스는 원주민들을 다그치며 황금과 향료가 나는 곳을 탐색했다. 하지만 그해 크리스마스 날 밤에 산타마리아 호는 난파되고 말았다. 그 때문에 선주 핀손과 마찰을 빚은 콜럼버스는 무장한 선원 40명을 '인디언 사냥꾼'으로 남겨 둔 채, 몇 가지 금붙이 따위를 들고 1493년 3월에 귀국했다.

계약대로 이사벨 여왕은 그를 신세계의 총독으로 임명했다. 미지의 세계에서 황금을 캐 왔다는 콜럼버스의 명성이 유럽을 덮었고, 그는 대번에 유명 인사가 됐다. 유명한 '콜럼버스의 달걀'이란 일화도 그 무렵에 나온 이야기이다.

제국주의 침략의 선봉자인 콜럼버스

콜럼버스는 곧 두 번째 선단을 모집했고, 황금에 눈이 먼 사람들이 너도나도 모여들었다. 일확천금을 꿈꾸는 1,500여 명의 '한탕주의자'들을 실은 17척의 대(大)선단을 이끌고 콜럼버스는 다시 히스파니올라 섬에 도착했다. 하지만 그가 남겨 둔 인간 사냥꾼들은 이미 아메리칸 인디언들에게 전멸당한 뒤였다.

신세계의 불청객이 되어 버린 콜럼버스 총독. 하지만 그는 식민지 총독으로서 아메리칸 인디언을 몰살하고 이사벨라 시(市)를 건설하는 한편, 그곳 토지를 '한탕주의자'들에게 분양했다. 그들은 아메리칸 인디언을 시켜 밭을 일구고 금광을 파헤쳤다. 그러나 거기서 나온 금은 그들의 욕망을 채우기에 턱없이 모자랐다. 이 정복자들은 노예로 길들인 아메리칸 인디언을 황금 대신 선물로 본국에 보냈다. 목이 빠지게 황금을 기다리던 스페인의 투자자들은 실망했다. 1496년에 귀국한 콜럼버스는 결국 문책을 당했다.

1498년 세 번째 항해를 떠난 콜럼버스는 트리니다드와 오리노코 하구를 발견했지만 히스파니올라에서 반란이 일어나자 본국으로 송환됐다. 그로부터 3년 뒤인 1502년에도 항해를 떠났지만 죽

역사적 장면으로 생각해 보는 사회·환경

도록 고생만 하다가 겨우 귀국했고, 엎친 데 덮친 격으로 2년 뒤 후원자인 이사벨 여왕까지 사망하자 그는 외로운 파산자 신세로 전락하고 말았다. 다시 2년 뒤인 1506년에 콜럼버스는 눈을 감았는데, 잘 알려진 것처럼 그는 죽음에 이르러서도 자신이 발견한 신세계가 인도의 서부 땅이라고 믿었다고 한다.

한편 콜럼버스가 발견한 신대륙에 자신의 이름을 새긴 사람은 이탈리아 피렌체 출신인 아메리고 베스푸치(Amerigo Vespucci, 1454~1512)였다. 한때 콜럼버스 밑에서 일했던 베스푸치는 콜럼버스가 스페인 왕실로부터 문책을 당한 뒤에 새로운 뱃길의 주인공이 되어, 1497년에서 1503년까지 여러 번에 걸쳐 신대륙을 항해했다. 그러면서 그는 콜럼버스가 발견한 땅이 서인도가 아니라 완전히 새로운 대륙이라는 것을 깨닫게 됐다. 그리하여 1507년에 독일의 지도 제작자인 발트 제뮐러는 베스푸치의 여행 기록에 근거해 신대륙이 포함된 새로운 지도를 만들면서, 콜럼버스가 아닌 아메리고 베스푸치의 이름을 새 대륙에 붙여 주었다.

엄밀하게 따지면 처음 아메리카 대륙을 발견한 서양 사람은 따로 있다. 1000년경의 노르만 인들이 그들이다. 그러나 당시 그것은 사람들에게 아무런 관심도 불러일으키지 못했다. 그러나 콜럼버스가 항로를 발견함에 따라 아메리카 대륙은 유럽 사람들의 활동 무대가 됐다. 콜럼버스는 유럽 사람들에게 신대륙 식민지 약탈의 길을 열어 주었다. 당시 신대륙에는 마야 문명, 아스텍 문명, 잉카 문명 등 수준 높은 문명이 발달해 있었다. 하지만 1521년에는 코르테스가 아스텍 제국을, 1533년에는 피사로가 잉카 제국을 쑥대밭으로 만들어 버렸다. 이를 고상한 표현으로는 '문명의 접촉'이라고 한다. 학술적으로 표현하면 문명의 '흡수 통합'이고, 실상을 말하자면 잔혹한 침략이다. 그리고 오늘날 초국적 자본의 지배자들 식으로 부드럽게 말하면 '세계화(globalization)'이다.

세계화는 한탕주의자들의 속임수

산악인들은 에베레스트 꼭대기에는 만년설뿐이라는 것을 알고 있다. 그곳에는 황금은커녕 오직 공포만이 존재한다는 것을 알고 있다. 그래도 그들은 '산이 거기 있어서' 애써 산에 오른다. 짧은 성취감 때문이다. 콜럼버스와 그 일행은 황금광으로 가는 뱃길에 몸을 던졌다. 그들은 살육과 약탈도 서슴지 않고 신천지를 파헤쳤다. "당신은 왜 바다에 갑니까?"라는 물음에 대한 콜럼버스의 솔직한 대답은 아마도 "금이 거기 있어서!"였을 것이다.

황금을 찾아 낯선 대륙에 발자국을 찍은 '한탕주의자' 콜럼버스는 아메리카 대륙 원주민의 미래를 부숴 버림으로써 자신의 약탈 욕망을 충족시키려 했다. 한마디로 그는 세계화의 첨병이었다. 이 시대에도 콜럼버스의 뒤를 따르려는 사람들이 있다. '미국화'를 '세계화'로 교묘하게 위장하며 초국적 자본의 이익을 위하여 남의 집 곳간을 마음대로 드나들고 싶어하는 **신자유주의**(neoliberalism)의 첨병들 말이다.

그런데 지구의 한쪽에는 세계화의 본질에 대하여 거침없이 비판을 날리는 지도자도 있다. 쿠바 혁명의 지도자 피델 카스트로는 이렇게 말했다.

나는 신자유주의 세계화를 강력하게 비판합니다. 그것은 사람들을 배고픔으로 내모는 체제입니다. 속임수와 거짓말 속에서 사는 것이고, 이기주의의 씨를 뿌리는 것이며, 소비주의를 만드는 것입니다. 왜 그래야 합니까? (중략) 우리가 개발하고 있는 대다수의 프로그램이 곱절로 증식될 수 있는 경험이 될 것이라고 기대하고 있습니다. 우리는 저작권이나 특허권을 바라지 않습니다. 반대로 우리가 이곳에서 하는 일이 누군가에게 유용하게 쓰일 수만 있다면, 그것을 자랑스럽게 여길 것입니다.

— 피델 카스트로 · 이냐시오 라모네,
『피델 카스트로 : 마이 라이프
(Fidel Castro Spoken Autobiography)』

신자유주의

　제1차 세계대전 이후, 세계적인 공황을 겪은 미국과 영국 등 선진 국가들은 케인스의 이론을 채택하여 수정 자본주의를 도입했다. 정부가 시장에 적극 개입하여 소득 재분배와 완전 고용으로 복지 국가를 지향하는 것이었다. 그러나 1970년대 이후 세계적인 불황이 다가오자, 미국의 시카고 학파를 중심으로 케인스 이론에 대한 반론이 제기되면서 신자유주의 이론이 대두됐다. 이들은 국가 권력의 시장 개입을 비판하고, 시장의 기능과 민간의 자유로운 활동을 보장해야 한다고 역설하면서 경제적 자유 방임주의를 주장했다. 이 신자유주의자들의 주장은 닉슨 행정부의 경제 정책에 반영됐고, 이른바 레이거노믹스의 근간이 됐다.

　신자유주의는 '작은 정부'와 (기업에 대한) 규제 완화, 재산권과 자유 시장을 중시한다. 또한 공공 복지 제도는 노동 의욕을 감퇴시키고 정부의 재정을 팽창시키므로 축소해야 한다고 주장한다. 그러면서 자유무역과 국제 분업이라는 말로 시장 개방을 주장한다. 세계화, 효율성, 경쟁력, 민영화, 자유무역협정(FTA), 비정규직, 노동 시장 유연성 따위가 바로 신자유주의가 배설한 용어들이다.

지상낙원이었던 나우루 공화국이 위기에 처한 까닭은?

태평양을 때 지어 누비던 앨버트로스의 똥이 오랜 세월 산호초 위에 쌓이고 쌓여 섬이 됐다. 적도 바로 아래 태평양에 떠 있는 나우루 섬 이야기이다. 세월이 흘러, 섬 표면을 덮은 똥은 귀중한 산업 자원인 인광석으로 변했다. 그 섬 위에서 미크로네시아 계 원주민 수천 명이 물고기와 열대 과일 따위로 자급자족을 하며 평화롭게 살고 있었다.

그러던 1888년경부터 이 섬에 출몰하기 시작한 독일과 영국의 자본가들이 철도를 놓고 인광석을 캐 갔다. 질 좋은 화학 비료의 원료인 인광석은 서구 자본가들의 주머니를 두둑하게 채워 주었다. 이어 제1차 세계대전 무렵에는 오스트레일리아와 뉴질랜드, 영국 등이 함께 섬을 통치하며 인광석을 마구 캐 갔다. 그리고 제2차 세계대전 때는 점령군이 일본군으로 바뀌었다. 그 사이 섬사람들은 인광석 채굴 노동자가 되어 있었다. 하지만 그들이 받은 임금 총액은 인광석 생산액의 고작 5퍼센트 정도에 지나지 않았다.

개발주의의 달콤한 유혹에 넘어간 나우루 주민들

1945년에 전쟁이 끝났고 일본군은 철수했다. 오스트레일리아를 비롯한 옛 점령자들이 다시 돌아왔다. 그러나 세상에 눈을 뜬 나우루 사람들은 독립을 꿈꾸었다. 그리고 1968년에는 자본에 짓밟힌 지 80년 만에 드디어 나우루 공화국이 수립됐다. 더불어 인광석이라는 황금 덩어리도 그들 것이 됐다. 그들은 인광석을 직접 팔아 번 돈을 펑펑 쓰면서 살기 시작했고, 남은 돈은 외국 부동산에 투자하기도 했다. 온 주민이 순식간에 부자가 됐다.

나라 전체가 채굴장으로 변해 갔다. 채소나 과일을 재배하던 농장은 사라졌지만 아무도 걱정하지 않았다. 그들의 창고에는 외국에서 건너온 맛 좋은 고기 통조림이 가득 쌓여 있었다. 세금도 없고 병원이나 학교도 모두 공짜였다. 나라에서 집도 거저 주었다. 빈부 격차가 없으니 내부 갈등도 없었다. 섬을 일주하는 도로 길이는 겨우 18킬로미터였지만, 집집마다 승용차를 굴렸다. 채굴 노동은 외국인 노동자들의 몫이었으므로, 나우루 주민들은 그저 노는 것이 일이었다. **개발주의**(developmentalism)의 파도에 휩쓸린 나우루 섬은 한마디로 지상 낙원이었다.

그렇게 10여 년 남짓 세월이 흐른 후에, 이 지상 낙원에 한 가지 문제가 생겼다. 날마다 먹고 놀다 보니 주민들 대부분이 비만으로 인한 당뇨병 환자가 된 것이다. 하지만 더 심각한 문제는, 섬에 매장된 인광석이 불과 십몇 년 안에 바닥나고 만다는 사실이 밝혀진 것이었다. 21세기를 눈앞에 두고 비로소 정신이 든 나우루 정부는 채굴량을 줄이기로 했다. 하지만 이미 씀씀이가 커져 버린 주민들은 반발했다. 그러자 나우루 정부는, 오스트레일리아가 과거에 무단으로 채굴해 간 인광석 대금을 받아 내어 주민들 지갑을 채워 주었다. 그러나 밑 빠진 독에 물을 붓는 격이었다.

허리띠를 졸라매고 일터에 나가야 할 형편이건만, 나우루 주민들은 여전히 희희낙락했다. 정부에서 어항(漁港)을 조성하여 일터를 제공하자, 주민들은 그것을 해수욕장으로 사용했다. 그렇다고 섬을 본격적인 휴양지로 개발할 수도 없었다. 무리한 인광석 채굴때문에 이미 자연 경관은 대부분 심하게 훼손되었던 것이다.

1990년대 들어 인광석은 바닥나기 일보 직전이었다. 그러자 나우루 정부는 오스트레일리아, 하와이, 괌, 사이판 등지에 그간 투자해 두었던 부동산을 담보로 돈을 융통하여 썼다. 외국인 부랑자들을 상대로 현금 2만 5,000달러에 국적을 팔기도 했다. 스위스를 흉내 내어 세계의 '검은돈'을 보관해 주는 은행업도 시작했다. 수천억 달러에 이르는 검은돈이 나우루로 유입됐다. 어느새 나우루는 국제 마피아나 테러리스트들에게 좋은 은신처가 됐다. 국제 사회의 비난이 빗발쳤지만 나우루 정부는 눈도 꿈쩍하지 않았다.

지상 낙원 나우루에 들이닥친 위기

'검은돈' 유치 전략은 제법 성공하는 듯했다. 그러나 2001년 9월 11일, 동시 다발 테러 사건으로 뉴욕의 세계무역센터가 무너지면서 나우루 은행도 무너지고 말았다. '테러와의 전쟁'을 선포한 미국이 테러 자금 금고인 나우루 은행을 파산시키고 말았던 것이다. 더불어 나우루 정부도 파산 지경에 이르렀다. 임금을 받지 못한 외국인 노동자들은 '똥으로 만든 나라'를 떠나갔다.

금고가 바닥난 나우루 공화국은 아프가니스탄 난민을 수용해 주는 조건으로 오스트레일리아의 지원을 받아 겨우 연명했다. 곧이어 이라크 난민도 돈을 받고 수용했다. 나우루 섬은 난민들로 들끓었다. 섬 분위기는 험악해졌고, 주민들의 일상 자체가 위협을 받았다. 관광 비자 발급도 중지되고 항공편도 끊겼다. 급기야는 외국과의 통신마저 두절됐다. 그렇게 나우루는 문명 세계에서 실종되고 말았다.

1년 넘게 실종된 나우루의 대통령이 구조 요청을 한 것은 2003년

3월의 일이었다. 오스트레일리아에서 파견된 구조대가 나우루에 도착했다. 그러나 대통령 집무실은 이미 불타 버린 뒤였다. 구조를 요청했던 나우루 대통령이 미국으로 망명했다가 워싱턴의 한 병원에서 심장 발작으로 죽었다는 소식만 나중에 들려왔다. 나우루 공화국에서 그간 어떤 일이 있었는지는 끝내 밝혀지지 않았다.

그 뒤 나우루에서는 나라를 다시 일으켜 세우려는 노력이 의회를 중심으로 전개됐다. 하지만 방치된 난민들의 인권 문제가 세계인의 도마에 올랐다. 그리하여 결국 '난민 수용 대행 서비스'도 마침표를 찍었다. 2004년에 이르자 국가 파산 위기는 더욱 심화됐

고, 미국의 금융 회사는 채무 상환을 독촉했다. 그러자 나우루에도 비로소 개혁 바람이 불었다. 2004년 9월에 새 대통령이 된 스코티는 오스트레일리아와 손잡고 압류됐던 해외 부동산을 매각하여 부채를 정리했다. 그러면서 나우루 공화국은 폐허 위에 간신히 국가 깃발을 다시 올리게 됐다.

그러나 나우루 공화국의 진짜 재앙은 다른 데서 왔다. 1997년 2월, 지구 온난화 방지 회의가 일본 교토에서 열렸을 때, 당시 나우루 대통령 클로드마르는 이렇게 말했다고 한다.

"이 회의가 실패하면 우리나라는 바다 밑으로 가라앉고 말 것입니다."

100여 년 동안 파먹은 인광석의 양만큼 고도가 낮아진 나우루 섬. 그 철부지들의 공화국은 투발루 섬과 마찬가지로 지구 온난화라는 생태계 재앙 속에서 통째로 가라앉을 위기에 처한 것이다.

무분별한 개발주의는 지구 재앙을 부르는 덫

나우루 공화국 100년의 흥망사에서 우리는 무엇을 배울 것인가? 자본주의의 허상에 사로잡힌 이들은 나우루 사람들의 게으름과 무능력을 탓할 것이다. 그러면서 그들을 반면교사(反面教師)로 삼으라고 할지도 모른다. 하지만 그러한 견해는 옳지 않다. 예전에 나우루 주민들이 부지런하고 유능해서 풍요를 누린 것이 아니듯

말이다. 또 어떤 이들은 앨버트로스의 배설물이나 인광석이 없었다면 풍요도 재앙도 없었을 것이라고 말할 것이다. 하지만 그것은 냉소적인 비아냥거림일 뿐 교훈은 되지 못한다.

정작 우리가 나우루에서 얻어야 할 교훈은 다른 것이다. 우리는 국경과 인종을 초월한 자본주의적 탐욕과 개발주의가 자연과 인간 사회를 얼마나 교묘하게 파괴해 가는지를 눈으로 확인해야 한다. 그럼으로써 그것이 전 지구적 재앙의 예고편임을 알고, 우리가 발붙이고 사는 곳 또한 나우루 공화국의 전철을 밟고 있다는 사실을 이성으로 깨달아야 하는 것이다.

이미 전 세계 숲의 3분의 1이 사라졌다. 국제연합의 정부간 기후변화위원회(IPCC)는 2050년 이전에 북극 빙하가 모두 사라질 것이라고 경고한 바 있다. 여기에 더하여, 최근 미국 우주항공국(NASA)의 한 기후 과학자는, 지금 추세라면 2012년에 북극에서 얼음이 사라질 것이라는 끔찍한 관측을 내놓기도 했다. 1억 년 이상 걸려 만들어진 석유를 고작 200년 만에 다 태워 버린 데 대한 자연의 응징이 이미 시작된 것이다. 우리 모두는 자연을 분노케 한 공범이다. 우리 모두가 그 응징의 대상이라는 사실이 섬뜩하다.

개발주의

지난 20세기에 파시즘과 공산주의 혁명이 시들해지면서, 이를 대체하는 새로운 이데올로기로 떠오른 것이 개발주의이다. 개발주의 열풍은 국제통화기금(IMF)이나 세계은행(WB) 같은 기구를 내세워 아프리카 · 라틴아메리카 · 중앙아시아 · 서남아시아 · 러시아 등지에 억지로 자유주의 시장 경제를 이식했다.

파시즘이나 공산주의와 달리, 개발주의는 직접적인 폭력에 의존하지 않고 가난과 문맹, 폭력 정치 등을 극복할 수 있는 해결사임을 자처한다. 하지만 그 과정에서 각 개인이나 사회가 자신의 운명을 선택할 수 있는 자유와 다양한 반대 의견을 인정하지 않으면서 마찰이 일어나고, 결국에는 개발주의를 관철하기 위한 폭력이 동원되기도 한다. 더불어 개발주의는 생태계 파괴를 초래하여 지구의 수명을 앞당기고 있다.

한국은 지난 1960년대 이후 박정희 정권이 국가 주도의 개발주의 정책을 시행했다. 그것은 외형적으로 단기적인 경제 성장을 가져왔지만, 지금은 성장 능력이 한계에 도달하고 그 결실마저 소수 기득권층에 집중되면서 여러 가지 사회 문제를 초래하고 있다. 철거민, 부동산 투기, 환경 파괴 등도 대부분 개발주의에서 비롯된 사회 문제이다. 그런데도 오늘날까지 한국 사회는 개발주의에 심각하게 중독되어 있다.

정보화 사회

몽골에도 인터넷 뺨칠 만한 네트워크가 존재했다?

지금부터 800여 년 전, 마치 바다처럼 끝없이 펼쳐진 중앙아시아 대초원의 한 귀퉁이에서 말발굽 소리와 함께 흙먼지가 일었다. 바다에 일렁이는 거센 풍랑처럼 걷잡을 수 없는 폭풍이 초원에 몰아쳤다. 말발굽 소리는 점점 커져 거대한 기마 군단이 됐다. 기마 군단은 척박한 중앙아시아 고원에 흩어진 부족들을 차례로 '접수'하고, 일사불란하게 대륙의 동서남북을 휩쓸었다. 그리하여 인류 역사상 가장 큰 제국이 유라시아 대륙에 탄생했다.

기마 군단의 지도자로 초원의 황제가 된 칭기즈칸. 그가 무력으로 정복한 제국의 면적은 777만 제곱킬로미터에 이르렀다. 알렉산

드로스와 나폴레옹, 그리고 히틀러 같은 그의 선후배 정복자들이 차지한 땅을 모두 합친 것보다 더 넓은 제국이었다. 원 세조 쿠빌라이 대에 이르러 정복지는 더욱 확장됐다. 마침내 그들은 아시아와 유럽을 관통하고, 태평양과 대서양을 하나로 이었다. 200만 명도 안 되는 유목민이 150여 년에 걸쳐 1억 명이나 되는 인구를 통치하게 된 것이다.

중세 중앙아시아 초원의 유목민이 이처럼 사상 초유의 대제국을 건설할 수 있었던 힘의 원천은 무엇이었을까? 대부분의 역사가는 유목 민족 특유의 기동성과 잔혹성, 투지 등에서 그 대답을 찾으려 한다. 하지만 또 다른 의문이 생긴다. 그러면 금나라나 호라즘(Khorazm : 중앙아시아 아랄 해 남쪽에 있던 제국으로, 조로아스터 문화의 중심지) 같은 대국을 공략할 때도 기동성과 투지만으로 충분했을까? 더불어 그러한 정복의 결과로 세워진 광대한 제국을 기동성과 투지만으로 경영할 수 있었을까?

몽골 제국의 통치 비결은 프로토콜 방식의 역참 제도

연구가들은 원 제국 특유의 '역참 제도'에서 그 해답을 찾는다. 정복자들은 새 정복지가 생겨날 때마다 사방 100리 간격으로 역참을 설치하고, 파발마를 두어 그 역참 사이를 소통하게 했다. 이 역참을 몽골어로는 '잠(jam)'이라고 불렀다. 거기에는 간단한 숙박 시설,

수레나 말, 필요한 식량 등이 준비되어 있었는데, '잠치(jamchi)'라고 하는 관리인이 파견되어 그 운영을 맡았다.

그렇게 설치된 수천 개의 역참들은 광활한 대지를 거대한 그물코로 묶었다. 그리고 전령들은 역과 역 사이를 가장 빠른 말을 타고 달리며 '위대한 칸'의 명령과 전장의 보고 사항을 전달했다. 한마디로 그들은 정보전에서 여타의 민족보다 월등히 앞섰던 것이다.

그런데 역참 제도는 이미 중국의 춘추전국시대부터 활용되어, 진나라나 한나라 때는 중앙 집권을 위한 통치 제도로 자리 잡았다. 우리나라에서도 삼국 시대에 이미 역참이 있었다. 그리고 고려 시대에는 전국에 500개 이상의 역참이 설치·운영됐다고 한다. 그런데도 유독 몽골 제국의 역참 제도가 대제국을 유지하는 데 크게 기여했다는 논리의 근거는 무엇일까?

정답은 바로 역참의 운영 원리에서 나타난 차이이다. 고대 중국을 비롯한 농경 국가의 역참은 중앙과 각 지방을 연결하는 도로를 따라 거미줄과 같은 방사선 형태로 설치됐다. 그것은 중앙 집중 원리에 충실한 '선(線)의 체계'였다. 반면 몽골 제국의 역참은 도로가 없는 초원과 사막에 그물코나 바둑판처럼 설치된 '점(點)의 체계'였다. 오늘날 전 세계를 가상공간 속에 촘촘한 점으로 얽어 놓은 초고속 인터넷과 같은 원리인 것이다.

그런데 더욱 놀라운 것은 그러한 망이 고정된 것이 아니었다는 점이다. 마치 오늘날 무선 인터넷이나 이동 전화와 같은 원리로 운영된 역참 제도였기에 정보의 전달 경로도 전쟁 상황에 따라 그때그때 바뀌었다. 뜻밖의 장애물이 생기면 그것을 피해 돌아가면 그만이었다. 수신자가 이동하는 경우에도 문제가 안 됐다. 거대한 망 자체가 언제든지 이동 중이라는 전제하에서 운영되었기 때문이다. 그것은 여러 상황 변화에 순발력 있게 적응할 수 있는 매우 유연한 체계임과 동시에 상시적으로 교통과 정보의 소통이 가능한, 살아 움직이는 체계이기도 했다. 그러한 **프로토콜**(protocol) 방식의 역참 제도를 구축하여 몽골 제국은 이미 13세기에 정보 혁명을 이루었다. 그리고 비약적으로 발달한 정보망 위에 대제국을 건설하고 그것을 유지했다.

정보화 사회는 인간에게 혁명적 변화 가져와

신석기 시대의 농업 혁명과 근대의 산업 혁명에 이어 정보 혁명을 인류의 세 번째 혁명이라고 한다. 긍정적이든 부정적이든 정보화 사회는 인류의 운명을 새로운 세계로 끌어가고 있다. 우리는 이미 빛의 속도로 정보가 전달되는 '동시성의 세계'에서 살고 있다. 중세 몽골식 '점의 체계'를 현대적으로 구현한 초고속 인터넷과 모바일 세계에서 말이다.

정보화 사회는 이제까지 없었던 새로운 형태의 문명을 창출하고 있다. 미래학자 앨빈 토플러(Alvin Toffler)는 제1의 물결인 농업 혁명, 제2의 물결인 산업 혁명에 이어 정보 혁명을 제3의 물결이라고 보았다. 정보화에 따라 정치 제도, 생활양식, 문화적 욕구, 사회 조직, 국가 관계 등이 혁명적으로 변화한다는 것이다. 그는 그것을 미래를 향한 일대 비약이며 인류 사회의 근본을 뒤흔드는 대변동이라고 했다. 그렇다면 정보화 사회에서는 무엇이 어떻게 변한다는 것일까?

이전 산업 사회에서 과학 기술은 물리적 힘을 확대·강화하는 데 중점을 두었다. 기계 한 대가 사람 100여 명의 노동을 대신하거나, 고속 교통수단을 발명하여 이동 시간을 100분의 1로 단축하는 것 따위가 그 예이다. 이러한 물리적인 체제를 건설하기 위해서는 힘의 집중이 필요했다. 따라서 군대를 방불케 하는 일사불란하고 수직적인 조직 문화가 뒤따랐다. 한마디로 "뭉치면 살고 흩어지면 죽는다."라는 구호가 통하는 시대였다. 또한 대량 생산을 위하여 기술의 철저한 분업화가 필수적이었다. 그런데 정보화 사회의 과학 기술은 정신적 힘의 확대와 강화를 추구한다. 그에 따라 산업 사회의 지배적 코드였던 표준화·분업화·집중화·극대화는 다양화·통합화·분권화·극소화로 바뀌게 된다. 우리는 바로 그러한 변화 과정을 겪고 있다.

나날이 발전하는 첨단 정보망은 우리의 일상과 삶을 예측이 불

가능한 세계로 끌어가고 있다. 그렇게 하여 도달하는 세계는 과연 유토피아일까, 디스토피아(dystopia : 역유토피아. 현대 사회의 부정적인 측면이 극단화한 암울한 미래상)일까? 이제 우리는 정보화 사회로 인하여 빚어지는 여러 가지 철학적 물음에 대한 답을 찾아야 할 것이다. 예를 들어 몽골 제국의 프로토콜 정보망은 당시 중세 사람들에게 상반된 두 가지 결과를 가져다 주었다. 그것을 지배한 초원의 정복자들에게는 물질적 풍요를, 그리고 주변의 피정복민에게는 더 많은 '공포'를 전달해 준 것이다.

정보화 사회에 걸맞은 새로운 가치관 정립 필요

원나라, 즉 몽골 제국은 민족에 따라 철저한 차별 대우를 했다. 제1계급인 몽고인과 제2계급인 색목인은 불과 4~5만 호였지만 제3계급과 제4계급은 1,000만 호가 넘었다. 몽골의 역참은 요즈음 여관처럼 아무나 돈을 내면 사용할 수 있는 것이 아니라, 국가의 공무로 여행하는 전령이나 관리 또는 외국 사신들만 사용할 수 있는 것이었다. 그래서 이들에게는 패자(牌子)라는 증명이 발급됐다. 결국 몽골의 역참 제도는 이민족을 효율적으로 지배하기 위한 첨단 제도였던 것이다.

오늘날에는 누구나 돈만 내면 웬만한 정보망을 이용할 수 있다. 그래서 정보화 사회가 우리에게 장밋빛 꿈을 실현시켜 줄 것으로 믿기도 한다. 그러나 우리는 촘촘히 얽힌 정보망을 이용하면서 두 가지 조건에 동의해야 한다. 하나는 그에 따르는 비용, 즉 몽골 제국 시대의 패자를 대신하는 돈을 지불하는 것이다. 그 결과 우리는 밥값에 버금가는 통신비 부담으로 허리가 휠 지경이다. 또 다른 하나는, 거대한 세계 체제(world system) 속에서 우리의 일거수일투족을 사실상 감시당하는 것이다. 정보망 자체가 '빅 브라더'이기 때문이다.

오늘날 정보화 사회에서 우리에게 다가오는 것은 무엇일까? 그 것은 정복자의 전리품일까, 아니면 정보를 독점한 또 다른 정복자가 일으킨 공포일까? 정보화 사회는 언뜻 우리에게 평등한 미래를 가져다줄 것처럼 보인다. 하지만 그 안에는 통치와 수탈의 욕망이 숨어 있다. 그것은 각 개인에게 무한한 소통의 자유와 편리함을 주는 동시에 거기에 중독되게 한다. 그러면서 '느림'이나 '기다림'과 같은, 또 다른 인간적 가치를 상실하게도 한다. 그렇다면 정보화 사회가 드리운 그늘을 어떻게 극복할 것인가? 그 답은 온전히 우리 자신의 가치관 속에 내재되어 있다. 이전 사회에는 없었던, 정보화 사회에 적합한 새로운 가치관을 형성해 나가야 하는 이유가 여기에 있다.

프로토콜

컴퓨터끼리 정보를 주고받을 때 통신하는 방법에 대한 규칙과 약속을 말한다. 인터넷에서 사용하고 있는 TCP/IP가 대표적인 표준 프로토콜이다.

기존 아날로그 방식의 전화 통신은 중앙 집중 방식의 통신 체계였다. 교환원이나 자동 교환기를 중심으로 모든 사용자가 연결되어 있는 고정적인 망이었던 것이다. 하지만 프로토콜 방식은 통신 규약만 일치하면 어디든 연결되는 릴레이 방식의 연결 체제이다. 프로토콜 방식은 기종이 다른 컴퓨터라도 상호간의 접속이나 전달 방식, 통신 방식, 주고받을 자료의 형식, 오류 검출 방식, 코드 변환 방식, 전송 속도 등에 대하여 표준 프로토콜을 설정하면 별도의 교환기 없이 통신망을 구축할 수 있다는 점에서 반(反)중앙 집중적인 통신망 체제이다.

포템킨 호의 수병들이
분노한 이유는?

역사는 영화가 되고, 어떤 영화
는 그 자체로 역사가 되기도 한다. 전 세계 영화평론가들이 영화사
상 가장 위대한 영화 중 하나로 꼽는 〈전함 포템킨〉은 세르게이 에
이젠슈테인(Sergey Eisenstein, 1898~1948)이 만들어 1925년에 개
봉한 흑백 무성 영화이다. 이 영화가 영화사에서 위대하게 평가받
는 이유는 몽타주(montage) 기법을 처음으로 활용하여 영화 기법
에 새로운 지평을 열었기 때문이다.

그런데 이 영화가 위대한 진짜 이유는 따로 있다. 1905년 러시
아 흑해 함대에 속한 전함 '포템킨 호' 수병들의 반란 사건을 실제
보다 더 실감나게 다뤘다는 것이다. 특히 오데사 계단의 학살 장면

은 영화 매체가 표현할 수 있는 영상 미학의 극치를 보여 준다.

일용할 양식에 내린 저주

영화 속으로 들어가 보자. 검은 물결이 사납게 몰아치는 흑해 북쪽 연안, 커다란 전함이 한 척 떠 있다. 러시아 흑해 함대의 주력선인 전함 포템킨이다. 선상에 우뚝 솟은 굴뚝 세 개에서 연신 시커먼 연기를 뿜어 올리는 포템킨 호는, 최대 승선 인원이 700명이나 되고 100톤짜리 어뢰정까지 끌고 다니는 대형 전함이었다.

러일전쟁에서 러시아군이 연전연패하여 위기에 몰리던 1905년 6월 어느 날 아침, 포템킨 호 수병들 사이에서 소란이 일어난다. 아침 식사에 쓸 고기에 구더기가 득시글거리는 광경을 당직 수병이 발견한 것이다.

"개도 안 먹겠군. 일본군에게 잡힌 포로도 우리보다는 잘 먹겠어."

몰려든 수병들이 한마디씩 내뱉는다. 그때 군의관이 와서 고기를 살펴보고 말한다.

"이건 단지 구더기일 뿐이다. 소금물로 씻어 내면 돼."

수병들이 어이없어하며 항의를 하자 군의관은 다시 퉁명스럽게 내뱉는다.

"그건 질 좋은 고기다. 더 이상 군소리하지 마."

장교들의 명에 따라 취사병은 결국 구더기가 득실대는 고기로 수

프를 끓인다. 하지만 분노가 극에 달한 수병들은 '구더기 수프'를 거부하고, 대신 수돗물에 딱딱한 빵을 적셔 먹으며 울분을 억누른다.

　그날 아침, 한 수병은 설거지를 하다가 손에 든 접시에서 망연한 눈길을 떼지 못한다. 접시 바닥에는 "오늘 우리에게 일용할 양식을 주시고"라는 글귀가 선명하게 새겨져 있었다. 수병은 들고 있던 접

시를 땅바닥에 내던지고, 접시는 박살이 난다. 어차피 그들에게는 허용되지 않을 '일용할 양식'이었다.

함장 골리코프는 심상치 않은 선내 분위기를 수습하기 위해 수병들을 모두 갑판 위로 모이게 한다. 도열한 병사들과 장교들을 향하여 그가 말한다.

"수프가 좋다고 생각하는 자들은 2보 앞으로 나오라!"

장교들과 비겁한 수병 몇이 앞으로 나왔지만 수병들 대부분은 제자리에 붙박인 듯 서 있다.

"나머지 놈들은 돛대에 매달겠다."

저주받은 백성들이 선택한 마지막 길, 혁명

이때 수병들 가운데 사회주의 활동가인 마튜셴코는 봉기를 결심하고 수병들을 포탑 주위로 모이게 한다. 소극적이지만 그것은 반란이었다. 장교들은 "정지! 동작 그만!"을 외치며, 동요하는 수병들을 막는다. 하지만 수백 명의 수병은 이미 포탑 주위로 모여들었고, 10여 명의 수병들만 무장한 근위대에 밀려 뱃전으로 분리된다. 함장은 분리된 수병들에게 방수포를 뒤집어씌우고 외친다.

"네놈들을 개처럼 쏴 죽이겠다."

역설적이게도 반란에 미처 합류하지 못한 수병들이 처형당할 위기에 놓인 것이다. 근위대의 총구는 방수포 속에서 꿈틀거리는 병사들을 향한다. 발사 명령이 떨어지고, 그와 동시에 수병 바쿨린추크가 거총한 근위병들에게 외친다.

"형제들이여, 누구를 쏘려 하는가?"

총을 잡은 근위병들의 손이 떨린다. 바쿨린추크가 다시 외친다.

"총을 잡으시오, 동지들!"

성난 파도처럼 달려든 병사들은 장교들을 한 명씩 바닷물에 집어 던진다. 상황은 순식간에 반전되어, 단 몇 분 만에 병사들은 전함을 통째로 점령한다. 승리감에 도취된 병사들이 외친다.

"우리가 이겼다!"

그러나 이때, 봉기에 첫 불씨를 당긴 바쿨린추크는 난폭한 부함장 갈리아로프스키가 쏜 총탄에 맞아 바닷물로 떨어지고 만다. 동료 병사들이 바닷물에 뛰어들어 급히 건져 올리지만, 그는 이미 머리에 피를 흘리며 숨을 거둔 뒤였다. 저주받은 '일용할 양식'에 분노하여 저항의 물꼬를 터 주고 자신은 고결하게 희생된 바쿨린추크. 수병들은 그의 유해를 인근 오데사 항 해안으로 옮겨 임시 천막에 안치한다.

포템킨 호 수병들의 봉기는 오데사 시민들에게 알려졌다. 오데사는 흑해 북쪽 해안에 있는 남러시아 최대의 항구 도시로, 지금은 인구가 100만 명에 이른다. 1792년에 러시아의 요새로 건설된 오데사는 이후 군사 도시로 성장했고, 1875년에 이미 '남러시아 노

동자 동맹'이 결성될 만큼 일찍부터 러시아 혁명 운동의 중심지이
기도 했다. 그러한 혁명 도시 오데사의 시민들은 남녀노소 할 것
없이 해안으로 몰려들었다. 오데사 해안의 까마득한 계단과 방조
제를 가득 메운 시민들은, 고기 수프 한 그릇 때문에 죽은 바쿨린
추크의 희생을 애도했다.

하지만 갑자기 계단 위쪽에서 총성이 울렸다. 계단에 서 있던 추
모객들 몇이 피를 흘리며 쓰러졌다. 시민들의 봉기를 우려한 차르
군대가 무차별적으로 총을 쏘며 다가오고 있었다. 시민들은 계단
아래로 도망쳤다. 하지만 총성은 연거푸 울려 퍼졌고, 시민들은 풀
잎처럼 쓰러졌다. 피투성이가 된 아이를 부여안고 절규하는 어머
니의 가슴에도 총탄이 박혔다. 그야말로 생지옥이었다.

한편 수병들은 포템킨 호를 오데사 항에 정박해 둔 채, 러시아 해
군이 자신들의 뒤를 따를 것이라고 믿었다. 하지만 그 믿음은 이뤄
지지 않았다. 대신 백주에 벌어진 그 참혹한 광경에 오열하던 오데
사 시민들이 속속 혁명 대열에 가담했다. 그리고 10년 남짓한 세월
이 흐른 뒤, 마침내 제정 러시아는 볼셰비키 혁명으로 막을 내렸다.
1917년의 일이다.

볼셰비키 혁명을 지도한 레닌은 "역사에 기록된 전쟁 중 유일하
게 합법적이며 정당한 것은 혁명이다."라고 말했다. 그런데 혁명이
정당한 진짜 이유는 '일용할 양식'에 저주받은 백성들이 생존을 위

하여 취하는 마지막 행동이라는 데 있을 것이다.

인간은 누구나 일용할 양식을 취할 권리가 있다

영화 〈전함 포템킨〉은 '일용할 양식'에 저주를 퍼부은 자들의 최후를 잘 보여 준다. 사람은 개인의 능력과 상관없이 누구나 생존을 위해 '일용할 양식'을 취할 권리가 있다. 더불어 굶주려 죽는 사람이 세상에 없도록 노력해야 할 의무가 모두에게 있다. 다만 개인이 일일이 그 의무를 이행하기 어려운 까닭에 국가에 그 실천을 일임하는 것이다. 따라서 국가는 노동 능력이 없는 국민까지도 최소한의 생존을 유지하고 인간다운 생활을 할 수 있도록 보장해야 하고, 모든 국민은 국가에 그것을 요구할 권리가 있다. 그것을 **사회적 기본권**이라 하는데, 오늘날 대부분의 민주주의 국가에서는 이 권리를 헌법에 명시하고 있다.

그런데 현재 우리 사회에서 사회적 기본권은 잘 지켜지고 있을까? 도심 공원 한 귀퉁이에서 구호 단체의 배식을 기다리는 노숙자에게 물어볼 일이다. 또한 소녀 소년 가장의 밥상도 살펴봐야 한다. 거기까지 갈 필요도 없다. 유전자 변형 곡물과 정체 모를 첨가물로 만들어진 식품들이 이미 우리 밥상을 지배하고 있으니 말이다.

광우병 의심이 가시지 않은 쇠고기가 수입되고, 폐렴, 골수염 등의 원인균인 황색포도상구균이 발견된 식품과 발암 물질이 든 가공 식품도 버젓이 팔린다. 단속의 손길이 미치지 못한 곳에서 얼마나 더 많은 유해 식품이 팔리고 있는지는 아무도 모른다. 세련된 빛깔로 포장된 그 식품들이 과연 포템킨 호의 구더기 수프보다 낫다고 장담할 수 있을까? 우리가 지금 일용하는 양식에 더 교묘한 저주가 숨어 있는 것은 아닐까?

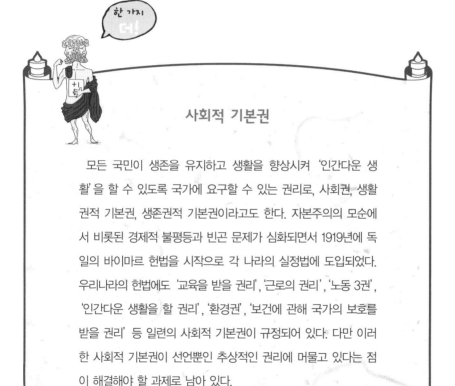

한 가지 더!

사회적 기본권

모든 국민이 생존을 유지하고 생활을 향상시켜 '인간다운 생활'을 할 수 있도록 국가에 요구할 수 있는 권리로, 사회권, 생활권적 기본권, 생존권적 기본권이라고도 한다. 자본주의의 모순에서 비롯된 경제적 불평등과 빈곤 문제가 심화되면서 1919년에 독일의 바이마르 헌법을 시작으로 각 나라의 실정법에 도입되었다. 우리나라의 헌법에도 '교육을 받을 권리', '근로의 권리', '노동 3권', '인간다운 생활을 할 권리', '환경권', '보건에 관해 국가의 보호를 받을 권리' 등 일련의 사회적 기본권이 규정되어 있다. 다만 이러한 사회적 기본권이 선언뿐인 추상적인 권리에 머물고 있다는 점이 해결해야 할 과제로 남아 있다.

역사가 발전할수록 여성의 지위도 높아질까?

역사는 끊임없이 발전한다고 한다. 그러므로 정치 체제가 안정되고 나라가 부강해지면 개개인의 삶도 풍요롭고 윤택해질 것이라고 대부분의 사람들이 믿고 있다. 삼국 시대보다는 고려 시대가 더 나은 시대였고, 고려 시대보다는 조선 시대가 더 살기 좋은 시대였다고 생각한다. 하지만 그것은 남성에게만 적용되는 말이다. 요컨대 19세기 여성이 14세기 여성보다 더 살기 좋았다는 증거는 거의 찾아보기 어렵다. 오히려 조선 후기에 들어와 여성의 삶이 더 고달팠다는 증거가 훨씬 많다.

이사벨라 비숍. 빅토리아 여왕의 전성기인 대영제국에서 목사의 딸로 태어나 세계를 누비며 저술 활동을 한 휴머니스트이다. 1894

년부터 네 번에 걸쳐 조선을 방문한 비숍은 여성 특유의 섬세한 눈으로 조선에서 보고 느낀 바를 써서 『한국과 그 이웃 나라들』이라는 책을 펴냈다. 비숍은 당시의 조선 사회를 혐오스럽지 않게 표현한 흔치 않은 서구인이다.

조선 후기 여성은 음지에 사는 비운의 존재

비숍은 책에 조선의 '초경(初更) 제도'에 대해서 적었다. 초경 제도는 저녁 8시가 되면 큰 종이 울려 남자들에겐 귀가할 시간을, 여자들에겐 외출해도 되는 시간임을 알려 주는 제도였다. 종이 울리면 거리로 쏟아져 나온 여성들이 등불을 밝혀 들고 돌아다녔다. 낮에는 아예 외출조차 할 수 없는 비운의 존재들이 스스로도 즐기고 친구들도 방문할 수 있는 시간인 것이다. 그러다가 자정이 되어 다시 종이 울리면 여성들은 집으로 돌아간다. 더불어 거리는 다시 남성들의 무대로 바뀌었다. 그것이 초경 제도의 요체였다.

밤거리를 여성들에게 해방 공간으로 열어 주는 이 독특한 제도가 서구 여성의 눈에는 참 신기하게 보였던 모양이다. 그래서 비숍은 자신의 저서에서 여성들이 점령한 한성의 밤거리를 꽤나 자세하게 묘사했다. 여성들의 밤길이 무섭기만 한 요즘 사람들 시각으로 보면 매우 낯선 풍경이다.

그러면 초경 제도는 과연 조선 여성들에게 내린 축복이었을까?

아니다. 그 밑절미에는 조선 후기 여성에 대한 상상조차 하기 힘든 억압이 깔려 있었기 때문이다. 비숍 또한 그런 억압의 단면을 저서에 그려 놓았다. 예컨대 조선의 여성들은 길에서 모르는 사람을 만나면 무조건 아무 집 대문이나 밀고 들어가 몸을 숨겼다고 한다. 또 해방된 밤거리에 나선 여성들 중에는 낮에는 한양 거리를 한 번도 구경한 적이 없는 부인들도 있었다 하니, 한마디로 조선의 양가집 여성들은 햇볕 아래 돌아다닐 자유마저 없는 존재들이었다. 초경 제도는 결국 여성에 대한 억압이 낳은 극단적인 처방이었던 것이다.

조선 후기 여성에 대한 억압의 증거는 당시 집 구조에서도 드러난다. 조선 시대 양가집 가옥은 안채와 사랑채가 분리되어 있었다. 그런데 조선 후기에 그 중간에 다시 담장을 두고 중문을 달았고, 그 중문 안에 '내외담'이라는 칸막이를 설치했다. 방문객이 들여다보지 못하게 하는, 즉 집 안의 여성을 꼭꼭 숨기기 위한 조치였다. 여성은 그 깊숙한 공간에서 연명하는 '음지 식물'이었던 것이다.

여성의 시집살이가 가장 혹독했던 시기도 바로 이 무렵이었다. 여성은 제사상 앞에서 절도 할 수 없었다. 후손으로 인정받지 못한다는 뜻이었다. 또한 부모가 아무리 부자여도 딸과 며느리는 재산 상속 명단에 오르지 않았다. 이처럼 여성은 가족이라기보다는 단지 종족 번식을 위한 도구로 간주됐다. 그나마 시집에서 쫓겨나면 재가도 못 하고 평생 혼자 살아야 하는 비운의 주인공들이었던 것이다.

여성 억압의 단맛에 중독된 조선 시대 남성들

그런데 조선 초기부터 여성에 대한 억압이 이처럼 심각했던 것은 아니었다. 조선 초기까지는 '남귀녀가혼(男歸女家婚)'이라 하여, 혼인을 한 남자는 자녀를 낳아 웬만큼 자랄 때까지 여자 집에서 생활했다. 아마도 여기에서 '장가를 간다'는 말이 유래된 것으로 보인다. 더불어 외가에서 어린 시절을 보낸 아이들은 자연스럽게 외조부모를 중요하게 여겼다. 이처럼 혼인 제도 자체에서 여성의 권위는 어느 정도 유지됐다. 하지만 조선 후기에 친영 제도(親迎制度)가 정착하면서 '출가외인(出嫁外人)'이라는 말이 생겨났고, 한번 결혼한 여성은 더 이상 오갈 데 없는 처지가 되고 만 것이다.

무엇보다도 여성의 지위에 영향을 미친 것은 재산 상속권이었다. 16세기까지만 해도 조선의 아들딸은 동등하게 재산을 상속받았다. 성종 대에 이르러서도 재산 균분 상속이 법으로 보호를 받았고, 여성이 재산 소송을 걸었던 경우도 있었다. 그렇게 받은 재산에 대해서는 혼인 후에도 소유권을 인정받았다. 자녀 없이 죽은 여성의 재산은 친정으로 되돌아갔다. 그러나 17세기를 지나면서 장자를 우대하거나 남녀를 차별하여 상속하는 집안이 늘어났고, 그로 인해 여성의 재산권은 점점 위축됐다. 그러다가 조선 후기에 이르러 제사권이 남성에게만 독점되면서 대부분의 여성은 빈털터리 신세가 되고 말았다.

성 풍속도에서도 조선 초기와 후기는 확연한 차이를 보인다. 조선 초기에는 명문거족 사이에서 자유 연애로 인한 추문도 종종 일어났다. 세종 9년에는 평강 현감 최중기의 처 감동이 병을 고친다는 핑계로 서울 친정에 머물면서 38명의 쟁쟁한 사대부들과 간통을 한 초대형 추문으로 조정이 발칵 뒤집힌 일이 있었다. 그런가 하면 세종의 형 양녕대군은 윤이라는 여성과의 간통 사건에 휘말린 적이 있었다. 모두 어엿한 양가집 규수들이 일으킨 추문이었는데, 이런 불륜 사건에 대한 사법 처리도 느슨한 편이었다. 조선 초기까지 자유연애 풍속이 어느 정도 이어져 왔다는 증거들이다.

하지만 성종 때 승문원 지사 박윤창의 딸 '어을우동(일명 어우동)' 사건을 계기로 여성의 재가가 금지되고, 재가한 여성의 후손은 과거와 벼슬에서 제외되는 등 여성에 대한 규제가 까다로워졌다. 부녀자의 사찰 출입은 물론 동제나 성황제 같은 전통 축제에서 남녀가 어울려 노는 것도 금지됐다. 그러더니 이른바 '내외법'이 강화되어, 가까운 친족 이외에는 남녀 간의 자유로운 접촉이 금지됐다. 더불어 남녀의 주거 공간 자체가 분리됐고, 여성은 교육에서도 소외됐다. 나아가 여성의 문 밖 출입도 허용되지 않았고, 부득이 외출을 하는 경우에는 너울이나 장옷으로 머리에서 발끝까지 가리고 다녀야 했다. 초경 제도는 그렇게도 지독한 통제를 받던 여성들에게 작은 숨통을 틔워 주는 제도였던 것이다.

조선 후기에 여성 차별이 절정에 이른 이유를 우리는 성리학적 유교 이념에서 찾는다. 하지만 여성에 대한 차별과 억압이 꼭 성리학 탓만은 아니다. 사실 성리학에서는 음과 양을 대립이 아닌 조화의 관계로 인식하므로, 성리학이 여성 차별의 이념적 근거가 될 수는 없다. 조선의 남성들은 '천인감응(天人感應 : 하늘, 즉 우주의 질서와 인간의 질서는 서로 맞닿아 있음)'과 같은 심오한 성리학적 원리를 '남자는 하늘이고 여자는 땅'이라는 개똥철학으로 변질시켰다. 그러면서 여성에 대한 억압과 착취의 단맛에 점차 중독됐다.

여성의 상대적 지위는 역사 발전과 반비례?

유교 사회가 아니더라도 고대 국가가 출현한 이후 가부장 제도는 인류사에서 보편적으로 나타난 제도였다. 문명이 발달한 사회일수록 가부장 제도가 강고했다는 것을 우리는 역사 속에서 확인할 수 있다. 그러고 보면 역사 속에서 여성의 상대적 지위는 역사의 발전과 반비례하는 듯하다. 음지 식물로 시들어 가던 조선 시대보다는 남녀가 한 냇물에서 목욕하던 고려 시대가 여성에게는 더 자유로웠을 것이고, 여성이 왕이 될 수 있었던 삼국 시대가 고려보다 더 매력 있는 시대였을 것이다. 한참을 더 거슬러 올라가 보면 모계제 사회였던 원시 공동체 사회야말로 여성의 지위가 상대적으로 가장 존중받은 사회가 아니었을까?

　지금은 **양성 평등** 시대라고들 말한다. 여성과 남성이 법에 따라 동등한 자유와 권리를 누릴 뿐만 아니라, 오히려 어떤 면에서는 법적으로 남성이 역차별을 당한다는 주장도 있다. 하지만 법조문이 현실 생활에서 여성의 지위를 보장해 주는 것은 아니다. 가정 안에 드리운 가부장 제도의 그늘도 아직 걷히지 않았다. 가사와 육아 부담도 여전히 여성의 몫이다. 고용과 노동 현장에서 여성이 받는 냉대도 여전하다. 여성을 대상으로 한 끔찍한 범죄 또한 줄지 않아서, 여성들은 언제나 밤길이 무섭다.

　그런데 후기 자본주의 시대의 여성에게 가해지는 가장 교묘하고 음흉한 차별은 바로 성 상품화이다. 오늘날 많은 여성들이 화려한 네온사인 속에서 직접적인 ‘성 상품’으로 버젓이 유통되고 있다. 신문, 방송, 인터넷 등 수많은 대중 매체들은 이미지화된 성 상품을 팔아서 먹고산다. 온통 세상이 성 상품 이미지로 도배되고 있다. 평범한 여성들의 외모 강박 관념을 자극하여 다이어트나 성형에 대한 욕망을 퍼뜨리면서 여성들의 지갑을 털어먹는 신종 사업도 번창한다. 이처럼 자본주의 시대 여성에게 ‘성 상품화’라는 새로운 억압이 교묘하게 가해지는 것을 보면, 여성의 지위는 역사 발전과 ‘반비례’한다는 주장이 그리 억지스럽지만은 않은 듯하다.

양성 평등

여성과 남성은 평등하므로 성이 다르다는 이유로 법률적·사회적 차별을 받지 말아야 한다는 원칙을 말한다. '남녀 평등'과 같은 말이지만 '남녀'라는 말이 이미 성의 우선 순위를 내포하고 있으므로 '양성 평등'이라는 용어로 정리됐다.

고대부터 싹트기 시작한 인간 평등 의식은 근대 시민 사회에서는 '법 앞의 평등'이라는 원칙으로 나타났다. 그러나 이러한 의식의 발전 과정에서 여성은 줄곧 제외됐다. 고대 그리스에서 아내는 집안일을 돌보는 중성(中性)적 존재로 표현됐고, 기독교에서 여성은 남성을 유혹하는 존재로 인식됐다. '법 앞의 인간 평등'을 주장한 루소도 여성은 남성을 위해 만들어진 존재라고 여겼다. 그러던 중 기계를 이용한 대량 생산이 이뤄지면서 여성 노동력이 산업 현장에 대거 투여되기 시작했다. 그에 따라 비로소 싹튼 양성 평등 의식은 직업 및 교육의 기회, 노동 현장에서의 동일한 조건, 여성의 참정권 보장 등 구체적인 요구로 발전했다. 물론 아직도 차별 정년제, 임금 차별, 결혼 퇴직제 등이 공공연히 행해지고 있는 것이 현실이다. 그러나 성적 차이를 인정하고 서로 존중해야 한다는 '성 인지적 관점'에 대한 논의가 일어나는 등 바람직한 양성 평등 사회를 위한 노력은 계속되고 있다.

역사적 장면으로 생각해 보는 사회·환경

임금은 왜 천재지변을 자신의 탓으로 돌렸을까?

과학 기술이 발달하지 않은 과거 농경·어로 사회에서 자연 재해는 두려움 그 자체였다. 그런데 실제로 조선과 같은 유교 사회에서 자연 현상과 천재지변을 가장 두려워한 사람은 누구였을까? 바로 왕이었다. 당시에는 '재이론(災異論)', 즉 임금이 부덕하면 천재지변이 일어난다는 것이 일반적인 생각이었기 때문이다. 그런데 이처럼 조선 사회에서 당연하게 여기던 재이론에 찬물을 끼얹은 사나이가 있었으니, 바로 연산군의 간신으로 유명한 임사홍(任士洪, 1445~1506)이다.

조선 성종 말년인 1494년에 이르러 삼남(충청도, 전라도, 경상도를 통틀어 이르는 말) 지방이 가뭄에 타들어 가자 임금과 대신들은 날마다 경연을 열고 대책을 논했다. 경연을 주관한 공조판서 성현(成俔, 1439~1504)은 "백성들의 농사에 직접 피해를 주는 가뭄은 하늘의 이변 중에서도 가장 무서운 재앙이니, 왕이 두려워하고 자성하며 친히 비를 비는 천제를 올려야 한다."라고 주장했다. 다른 대소 신료들도 성현과 한뜻이었고, 임금 또한 그러했다.

천재지변은 단지 자연 현상일 뿐이다?

그런데 이때 임사홍이 성종의 면전에서 거침없이 아뢰었다.

"전하! 천재지변이 비단 군주만의 책임이겠습니까? 주상을 올바로 보필하지 못한 재상들 죄를 먼저 물어야 하옵니다. 일찍이 중국의 순자는 천재지변은 단순한 천운이며 제사 따위 의식은 백성을 안심시키는 방편에 불과하다고 했사옵니다. 통촉하소서!"

임사홍의 폭탄 발언에 경연청은 발칵 뒤집혔다. 이때 성현이 나섰다.

"가당치 않사옵니다. 전하! 지금 가뭄의 책임이 군주에게 있지 않다는 도승지의 말은 참으로 놀랍고 요사스런 언사가 아닐 수 없사옵니다."

그러나 임사홍은 등등한 기세로 항변했다.

"재이를 주장한 대신들이 금주령이 내린 때에 술을 마시기까지 하면서 군주를 핍박하옵니다."

사실 임사홍의 논리는 매우 합리적이고 나무랄 데가 없었다. 하지만 경연관 성현은 임사홍이 나라가 어려운 때에 교묘한 이단설로 경연관을 비난하고 임금을 그르친다고 주장하면서 죄를 물어 관직을 삭탈하라고 요구했다. 다른 신료들도 임사홍의 파격 발언에 제동을 걸었다. 한참 오가던 설전은 결국 임사홍을 삭출(벼슬을 빼앗고 내쫓음)하라는 성종의 한마디로 수습됐다. 다만 그 광경을 경연청 구석에서 의미심장한 눈길로 쳐다보는 한 사람이 있었으니, 그가 곧 문제 임금 연산군이었다.

성종이 승하하고 연산군이 즉위한 뒤에 또 봄가물이 들어 경연에서 그 문제를 논하게 됐다. 경연관 손효선과 성현은 어김없이 재이론을 들먹였다. 그러자 이때 연산군의 입에서 놀라운 말이 튀어나온다.

"비가 내리고 아니 내리고는 하늘의 변화이지 어찌 군주의 탓인가?"

코웃음을 치듯 내뱉는 연산군의 말에 대신들은 벌린 입을 다물지 못했다. 이어 연산군은 재이론을 반박한 죄로 유배 중이었던 임사홍도 풀어 주었다. 물론 대신들은 완강하게 반발했다. 그러나 연산군은 개의치 않았다. 모든 것은 '하늘의 뜻'이 아닌 '그의 뜻'대로 됐다. 유배에서 풀려 막 등청한 임사홍 또한 천재지변은 자연현상일 뿐 결코 하늘의 경고나 견책이 아니고, 군주의 책임 또한 아니라 하며 자신의 '반(反)재이론'에 못을 박았다.

그 뒤로도 임사홍을 내치라는 상소는 날마다 빗발쳤다. 물론 연산군은 그런 상소쯤은 거들떠보지도 않았다. 가뭄이 계속되고 석 달이나 비도 내리지 않아 민심은 심하게 흔들리고 있었다. 관악산에는 붉은 비가 내렸다는 등 흉흉한 소문까지 돌았다. 석 달째 비한 방울 내리지 않아 백성들은 아우성인데 연산군은 날마다 주지육림에 묻혀 연회를 즐기고 있었다.

재이론 부정하면 왕권의 정통성도 없어

그러던 연산군 3년 6월 어느 날 선정전 기둥에 벼락이 떨어졌다. 그때도 연산군은 심각하게 주청하는 신하들의 말을 피식 웃어 넘겼다.

"비가 오면 천둥이 치고 벼락이 떨어질 수도 있는 일, 그게 무슨 대수란 말인가?"

하지만 그렇게 말은 했어도 이때만큼은 상황이 달랐다. 문제 임금 연산군도 속으로 두려움을 느꼈던 모양이다. 조선 왕조 500년 동안 수많은 재변이 있었으나 임금이 거처하는 정전 기둥에 벼락이 떨어진 일은 처음이었다. 그 다음날에도 성현의 주청이 이어졌다.

"대궐의 문은 천리보다도 멀다 하옵니다. 지금 백성의 신음을 들으시옵소서! 이번 변괴는 소인배에게 과람하게 준 작위에서 온 것이니 지금 당장 정사를 개혁하시어 하늘의 꾸지람에 보답하오소서."

연산군은 못마땅하게 성현을 쳐다보았다. 하지만 계속되는 이변에 마지못하여 연산군은 말했다.

"하늘의 변괴가 반드시 임사홍 때문만은 아닐 것이오. 허나 대감의 말이 이러하니 그의 직첩을 도로 빼앗는 것이 어찌 어렵겠소?"

그리하여 연산은 임사홍의 관직을 다시 거두어들였고, 팽팽하게 대립하던 왕과 신하의 관계는 선정전 기둥에 떨어진 벼락으로 일단락됐다.

하지만 몇 년 뒤인 연산군 9년 2월에 연산군은 임금이 근자에 경연에 불참하는 일이 너무 잦다는 신하들의 질책에 경연을 아예 닫

아 버렸다. 경연은 조선 왕조 개창 이래로 끊이지 않고 이어 오던 대궐의 전통이었다. 더구나 연산군의 부왕 성종은 재위 말년까지 하루 세 차례씩 단 하루도 빼지 않고 경연을 열었다고 한다. 아버지가 그렇게 중요하게 생각하던 경연을 하루아침에 닫아 버린 연산군, 그는 다시 임사홍을 병조판서로 임명했다. 그것은 갑자년의 피바람을 예고하는 것이었다.

한편 성현은 목숨이 다하는 날까지 연산의 폭정을 지적하는 상소를 올리다가 1504년 정월 13일 세상을 떠났다. 그 후 임사홍의 계책으로 연산군은 생모 폐비 윤씨 사건의 연루자들을 모조리 붙잡아다가 피투성이로 만들어 버렸다. 게다가 연산군은 이미 죽어 땅속에 묻힌 재이론자 성현의 시체를 꺼내어 부관참시(죽은 뒤에 큰 죄가 드러난 사람을 극형에 처함)를 했다.

갑자사화는 그간 유지되던 왕권과 신권의 절묘한 조화가 순식간에 무너져 내린 사건이었다. 이를 계기로 연산군의 폭정도 서서히 극에 달했고, 민심은 연산군에게서 더욱 멀어졌다. 그러나 연산군은 자신의 독재 왕국이 영원할 것으로 생각했다. 머지않아 반정으로 그 자신이 쓸쓸한 유배지에서 외롭게 죽어 가리라고는 더군다나 생각지 못했을 터이다.

연산군의 부왕인 성종은 일찍이 비좁은 방에서 두레상에 반찬세 가지를 놓고 밥을 먹었다. 그러면서 "군주는 하늘의 명을 받아

만백성을 다스리기 때문에 군주가 올바른 정사를 펴지 못하면 재변으로 힐책을 당하는 것이다."라며 수저를 들었다. 재이가 일어난 것에 대한 근신과 반성의 뜻으로 편안한 잠자리와 기름진 음식을 피한 것이었다. 또 성종은 "신하들에게 비판을 구해 하늘이 감응토록 하고, 신하들이 아무리 심한 말을 해도 이를 용납해야 하는 법"이라고 아들 연산군에게 재이에 임하는 군주의 자세를 가르쳤다. 그때 연산군은 "재해는 단순한 자연 현상일 뿐, 그 이상도 그 이하도 아닙니다."라고 반박했다. 그러자 성종은 침통한 표정으로 말했다.

"그걸 내가 어찌 모르겠느냐? 허나 재이를 부정하면 군주가 천명을 받았다는 것 자체를 부정하는 꼴이 되니, 그러면 왕권의 정통성을 어디서 찾을 것이냐?"

성종을 비롯한 조선 통치자들은 재이론을 정치·사회적 관점에서 보았지만 임사홍과 연산군은 저급한 수준의 자연 과학적 관점에서 재이론을 보았다. 어떠한 견제 장치도 없는 절대 권력과 독재를 향한 욕망이 임사홍과 연산군의 인문적 상상력을 마비시켰던 것이다.

지구 온난화의 일차적 책임을 묻다

오늘날 지구촌 최대의 화두는 바로 '지구 온난화'이다. 전 세계 2,500여 명의 과학자가 6년간 작성하여 지난 2007년에 발표한 '정부간 기후변화위원회(IPCC) 제4차 보고서'에 따르면, 앞으로 40년이면 지구의 평균 기온은 섭씨 3도 가까이 상승하고 동식물의 3분의 1이 멸종 위기에 처하게 된다. 나아가 2080년경에는 평균 기온이 섭씨 3도 이상 올라가서 해수면이 급격히 상승하여, 지대가 낮은 몇몇 나라는 지도에서 완전히 사라질지도 모른다. 더불어 가공할 기상이변으로 대부분의 생물체는 멸종될 것이라고 한다. 고작 70년이면 인류는 황폐한 지구에서 흉측한 모습으로 죽음을 맞이하게 된다는 것이다.

물론 지구의 역사에서 대기의 온도는 변화를 거듭해 왔다. 하지만 영국의 기후 과학자 티모시 오즈번은 수만 년 동안 진행되어 공룡을 멸종시킨 지난 빙하기의 평균 기온은 지금과 겨우 섭씨 5도 차이밖에 나지 않았다고 주장한다. 그런데도 생태계에 막대한 변화가 일어난 것이니, 단기간 내 평균 기온 섭씨 3도의 차이는 예측할 수 없는 재앙을 불러올 것이다.

지구가 뜨겁다. 지구 수명이 24시간이라면, 남은 시간은 5분뿐이라는 분석도 있다. 그 5분마저 지구 온난화로 단축되고 있다고 한다. 그렇다면 지구 온난화는 누구의 책임일까? 재이론까지 들먹일 것도 없다. 생활의 편리함에 취하여 날마다 엄청난 에너지를 태우고 사는 우리 모두의 책임이기 때문이다. 하지만 따지고 보면 전쟁까지 불사하며 화석 연료를 채취, 팔아서 막대한 부를 쓸어 모은

석유 자본과, 그 행위에 동조하는 제국주의 세력에게 가장 큰 책임이 있을 것이다. 현세에서 힘 있는 자가 가져야 할 마지막 양심, 그것이 바로 재이론이다.

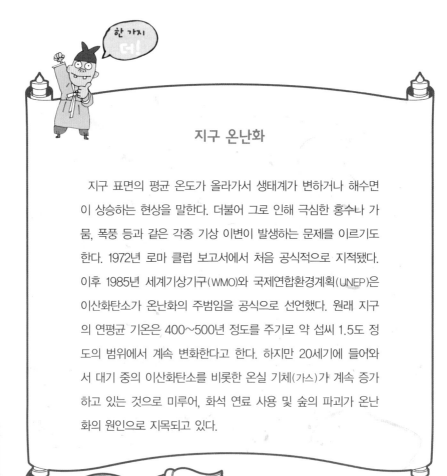

지구 온난화

지구 표면의 평균 온도가 올라가서 생태계가 변하거나 해수면이 상승하는 현상을 말한다. 더불어 그로 인해 극심한 홍수나 가뭄, 폭풍 등과 같은 각종 기상 이변이 발생하는 문제를 이르기도 한다. 1972년 로마 클럽 보고서에서 처음 공식적으로 지적됐다. 이후 1985년 세계기상기구(WMO)와 국제연합환경계획(UNEP)은 이산화탄소가 온난화의 주범임을 공식으로 선언했다. 원래 지구의 연평균 기온은 400~500년 정도를 주기로 약 섭씨 1.5도 정도의 범위에서 계속 변화한다고 한다. 하지만 20세기에 들어와서 대기 중의 이산화탄소를 비롯한 온실 기체(가스)가 계속 증가하고 있는 것으로 미루어, 화석 연료 사용 및 숲의 파괴가 온난화의 원인으로 지목되고 있다.

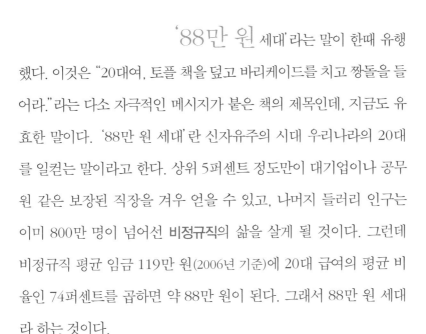

신분제는 정말 우리 사회에서
사라진 걸까?

'88만 원 세대'라는 말이 한때 유행했다. 이것은 "20대여, 토플 책을 덮고 바리케이드를 치고 짱돌을 들어라."라는 다소 자극적인 메시지가 붙은 책의 제목인데, 지금도 유효한 말이다. '88만 원 세대'란 신자유주의 시대 우리나라의 20대를 일컫는 말이라고 한다. 상위 5퍼센트 정도만이 대기업이나 공무원 같은 보장된 직장을 겨우 얻을 수 있고, 나머지 들러리 인구는 이미 800만 명이 넘어선 **비정규직**의 삶을 살게 될 것이다. 그런데 비정규직 평균 임금 119만 원(2006년 기준)에 20대 급여의 평균 비율인 74퍼센트를 곱하면 약 88만 원이 된다. 그래서 88만 원 세대라 하는 것이다.

산술적으로만 계산하면, 이들은 지금 화폐 가치 기준으로 평생 88만 원에서 120만 원 사이의 임금을 받게 될 것이다. 한번 비정규직은 영원한 비정규직이 될 가능성이 농후하다. 승자 독식 사회에서 탈출구가 없는 그들의 처지는 마치 조선 시대의 노비들과 별로 다를 바 없어 보인다. 물론 중세 시대 노비의 삶과 21세기 젊은이들의 삶을 단순 비교하기는 어렵겠지만, 경제적 지위만 놓고 보면 그 답답함이 크게 다르지는 않아 보인다.

노비는 역사의 수레바퀴를 온몸으로 떠받친 사람들

조선 시대 노비의 삶은 보물 제1096호로 지정된 『쇄미록』이라는 옛 책에 잘 나와 있다. 『쇄미록』은 임진왜란을 전후한 약 9년 3개월 동안의 상황이 생생하게 기록된 일기문이다. 저자 오희문(1539~1613)은 인조 때 영의정 오윤겸의 아버지이자 병자호란 때 삼학사(三學士 : 청나라에 항복하는 것을 반대한 세 사람의 학자)의 한 사람인 오달제의 할아버지이기도 하다. 과거에 급제하여 관직에 오르지는 못했지만, 학식이 매우 뛰어난 사람이었다. 그는 왕의 교서, 의병들의 글, 유명한 장수들이 쓴 성명서 등 전란 중에 보고 들은 귀중한 역사 자료를 『쇄미록』에 남겼다. 『쇄미록』에는 당시 노비의 삶을 잘 보여 주는 이야기도 나오는데, 그 내용은 이렇다.

오희문의 집에 열금이라는 늙은 노비가 있는데, 병이 무거워 일을 놓고 외딴 흙집에서 앓고 있었다. 그런데 열금은 음식만큼은 평소처럼 먹어 댔다. 그러자 저 꼿꼿한 선비 오희문은 열금이 일찍 죽지 않을 것을 걱정한다. 더불어 '어차피 죽을 목숨이니 곡식이나 덜 축내고 죽었으면……' 하는 속내를 솔직하게 고백한다. 그리고 사흘 뒤에 열금이 죽었다. 이에 대하여 오희문은 이렇게 말한다.

"비록 죽었으나 그리 애석하지는 않다. 다만 어릴 때 데려와 부렸는데, 나이 70이 넘도록 도망치지 않고 근면검소하게 집안일을 잘한 것은 취할 만하다."

열금은 죽은 다음 날에 땅에 묻혔다. 오희문은 노비 몇을 시켜 열금의 시신을 5리쯤 떨어진 양지에 묻게 했다. 하지만 열금과 평생을 함께한 그 주인은 겨울이라 날이 춥다는 이유를 대며 장지에도 가지 않았다고 한다. 조선 시대 늙은 노비의 처량한 최후를 보여 주는 장면이다.

우리가 아는 인류의 역사는 대개 통치자들의 역사이다. 흔히 말하는 '역사의 수레바퀴'라는 표현에 따른다면 역대 통치자들은 그 수레 위에 걸터앉아 고삐를 쥔 사람들이다. 그래서 덕 있는 통치자는 반반한 길로 수레가 잘 굴러가게 하지만, 어떤 통치자는 수레를 잘못 끌어 진흙탕에 처박기도 했다. 수많은 역사가들이 주로 연구하는 것도 따지고 보면 결국 통치자들의 '고삐 쥐는 법'일 것이다.

그런데 역사라는 무거운 짐을 실은 수레를 온몸으로 떠받치며

구른 사람들도 있었다. 이름 없는 다수의 피지배자들인 그들이야 말로 진짜 '역사의 수레바퀴'였다. 그중에서도 수레의 하중을 가장 많이 받는 계층이 바로 노비였다. 평생을 자신보다는 남을 위해 허리가 부러지도록 일해야 하는 숙명을 타고난 사람들. 그들은 과연 어떻게 노비가 되었을까?

양반들의 사욕으로 늘어났던 노비들

한반도에서 노비의 존재는 고대 기자(箕子)조선의 '팔조법금(八條法禁)'에 처음 나타난다. 당시에는 주로 범죄자를 노비로 삼았다. 전쟁이 잦았던 삼국 시대에는 넘쳐나는 포로들이 노비가 됐다. 어제의 전사(戰士)가 오늘은 노비가 되는 일이 허다했을 것이다. 그러다가 전쟁이 수그러든 고려 시대에 이르자 노비 공급이 눈에 띄게 줄어들었다. 이에 고려 정종 5년(1039)에 '천자수모법(賤者隨母法)'이 제정됐다. 아비가 귀족이라도 어미가 노비면 그 자녀 모두 노비가 되어야 하는 이 천자수모법을 이용하여 고려 호족들은 교묘하게 노비 수를 늘려 갔다.

개인이 소유한 노비 수가 늘고 양민이 줄어들자 고려 조정은 시름에 잠겼다. 노비들 처지가 안쓰러웠기 때문이 아니라, 양민이 줄어드니 조세 수입 또한 감소했기 때문이다. 그래서 중앙 통치자들은 전민변정도감(田民辨正都監)이니 인물추고도감(人物推考都監)이니 하는 기관을 설치하여 많은 노비를 풀어 주었다. 조선 초기에는 한때 아비의 신분을 따르는 종부법(從父法)이 시행되기도 했다. 그런데 힘 있는 양반이 많은 여자를 거느리는 일부다처제 사회다 보니 종부법은 양반 수를 급격히 늘려 놓았다. 이래저래 모두 문제였다. 그래서 영조 대에는 어머니가 양인이면 자식도 양인이 되는 '종모종량법(從母從良)'을 만들어 시행케 했다. 그러나 노비 소유주들의 사욕 때문에, 실제로는 부모 중에 천한 쪽을 따르는 일천즉천(一賤則賤) 관행이 계속되어 사노비 수는 여전히 늘어만 갔다.

이처럼 부모 중 한쪽이 노비이면 자식도 노비가 됐다. 그렇다면 그들도 혼인을 하여 가정을 꾸리고 살았다는 말일까? 물론 노비의 혼인을 법으로 금했던 것은 아니다. 하지만 노비가 특정한 상대와 혼인을 하여 정상적인 부부 생활을 하는 경우는 드물었다. 격식을 갖추어 신혼살림을 차릴 만한 재력도 없었거니와, 주인이 쉽게 허락해 주지도 않았다. 따라서 노비의 몸에서 태어난 아이들 대부분은 아버지가 분명하지 않았다. 하지만 혼인하지 않은 여종이 출산을 하더라도 주인들은 그것을 묵인했다. '재산'이 늘어나는 것을 마다할 이유가 없었던 것이다.

그런 노비들의 생활은 어땠을까? 양반이라고 다 같은 양반이 아니듯, 노비라고 모두 똑같은 노비가 아니었다. 조선 시대의 관노비는 밖에서 가정을 꾸리고 독립 생활을 했다. 국가에서 소유한 이

역사적 장면으로 생각해 보는 사회·환경

관노비들 중에는, 드물기는 하지만 그 자신이 노비를 부리고 사는 경우도 있었다. 하지만 일반적인 대다수 사노비들은 주인집 행랑채 한 귀퉁이에 거처하거나, 주인집과 가까운 곳에 허름한 초가를 짓고 가족 단위로 살았다. 대부분 단출한 모자(母子) 가정이거나 서로 핏줄이 다른 재결합 가족이었을 터이다. 얼마 되지 않는 수의 가족이었지만 가족 각자가 다른 주인을 섬겨야 하는 경우도 있었다. 노비는 상속이나 매매가 가능했기 때문이다. 더불어 그처럼 소속을 분리해 놓으면 집단 행동을 예방하는 효과가 있었다.

노비들은 날마다 가장 먼저 일어났다. 그리고 주인의 감시를 받으며 집안 잡일에서부터 농사 등 생산 활동에 이르기까지 거의 모든 노동을 도맡아 했다. 노비가 여럿인 대가에서는 각자 다른 역할을 맡기도 했다. 예컨대 출산 후 수유기에 있는 노비는 유모(乳母)로 발탁되어 자신의 아이보다 먼저 주인집 아이에게 젖을 물렸다. 또 사정이 밝은 노비는 수노(首奴 : 관아에 딸린 관노의 우두머리)로 임명되어 다른 노비들을 관리했다. 젊고 예쁜 노비는 밤이면 주인의 욕망 앞에 몸을 내주기도 했다.

어느 시대에나 비슷한 최하위 생산 계층의 처지

노비들은 주인과 그 가족이 생산 노동을 하지 않고도 최대한 안락하고 풍요롭게 살아갈 수 있는 밑천을 제공했다. 그러나 정작 자신들은 목숨을 이어 가는 데 필요한 최소한의 의식주도 차지하지 못했을 뿐 아니라, 단지 노비의 몸에서 태어났다는 이유 하나로 그러한 불평등을 감수해야 했다. 개중에는 밤잠을 설치고 몰래 일하여 따로 재산을 저축하는 노비도 있었지만, 주인에게 들키면 고스란히 몰수당하고 더러는 혹독한 처벌까지 받아야 했다.

그들은 죽도록 일했지만 정작 재산도 가질 수 없었고, 원하는 곳에서 살 수도 없었다. 배우자도 스스로 선택할 수 없었음은 물론 사랑하는 자녀도 주인에게 빼앗겨야 했다. 그런데도 전란이나 위험에 처하면 제 목숨을 걸고 주인을 구하는 충직한 노비도 있었다. 하지만 주인을 해치고 멀리 도망치는 반노(叛奴) 또는 역노(逆奴)도 있었다. 부당한 착취에 시달리다 보면 사람은 곧잘 '시한폭탄'으로 변한다. 부리는 자가 조심하지 않고 제멋대로 횡포를 부리다 보면 어느 순간에 그 폭탄은 터지고 마는 법이다.

그러던 16세기 이후, 극심한 자연 재해로 흉년을 맞게 되자 조선 정부는 일정량의 곡식을 납부한 노비는 노비 신분에서 해방시키는 정책을 실시했다. 이른바 납속책(納粟策)이다. 이로써 어떻게든 자신의 재산을 가지고 있던 노비들은 굴레에서 벗어날 수 있었다. 임진왜란과 병자호란을 겪으면서 이러한 납속책은 더욱 낮은 면책 비용으로 더욱 자주 실시됐다. 그에 따라 해방되는 노비들이 많아졌고, 남은 노비 수는 눈에 띄게 줄어들었다. 그리하여 노비의 빈

자리는 새경을 받고 일하는 머슴이 차지하게 된다.

19세기 말에는 본격적으로 노비 제도의 틀을 깨는 움직임이 시작됐다. 양반 감투도 사고파는 세태와 농민 반란으로 뒤숭숭한 분위기에서 노비들은 스스로 신분 해방 운동을 전개했다. 그리하여 1886년(고종 23) 노비 세습제가 공식적으로 폐지되고, 그 매매도 금지됐다. 그리고 8년 뒤인 1894년, 갑오개혁을 거치면서 노비 제도를 비롯한 조선의 신분 제도는 완전히 막을 내렸다. 하지만 수천 년을 이어 온 노비 제도의 관성을 쉽게 멈출 수는 없어서, 한동안 노비는 사라지지 않았다.

오늘날에도 신분 제도는 암암리에 살아 있다. 이를테면 같은 노동자 계급이라도 '정규직'과 '비정규직'의 신분 차이가 엄연히 존재한다. 임금 수준이 신분을 결정하는 사회에서 비정규직 평균 임금은 정규직의 63퍼센트 정도(2007년 기준)이다. 그와 동시에 그들은 늘 해고의 공포에 노출되어 있다. 국가와 자본의 합작품으로 탄생한 비정규직은 신자유주의 시대에 나타난 대표적인 양극화 현상의 한쪽을 차지하고 있다. 노동자에 대한 가차 없는 해고 행위가 '노동 유연성'이라는 말로 포장되는 사회에서 비정규직 비율은 점점 늘어나는 추세이고, 그러면서 새로운 신분 서열이 고착되고 있다. 어느 시대에나 최하위 생산 계층의 처지는 별로 다를 바가 없는 것일까?

비정규직

　정규직에 속하지 않는 기간(계약)직, 일용직, 임시직, 파견 근로직 등의 고용 형태를 뜻하는 비정규직은 이른바 '고용의 유연성' 이라는 명목으로 나타나기 시작했다.

　비정규직 노동자들은 정규직에 비해서 열악하고 불안정한 고용 환경에서 일한다. 통계청에서 발표한 바에 따르면 한국의 비정규직 노동자 수는 지난 2001년 360만여 명이었으나, 2007년에는 570만여 명으로 급격히 늘어났다. 노동계에서는 실질적인 비정규직 노동자 수가 최소한 800만 명이 넘을 것으로 추정한다. 이는 전체 임금 노동자의 절반을 넘어선 수치이다. 지난 2006년 11월 30일에 비정규직 보호 관련 3개 법안이 국회에서 통과됐는데, 경영자 측의 요구가 많이 반영되어 있어서 실제로 비정규직 문제를 해소하는 성과는 없는 것으로 확인되고 있다.

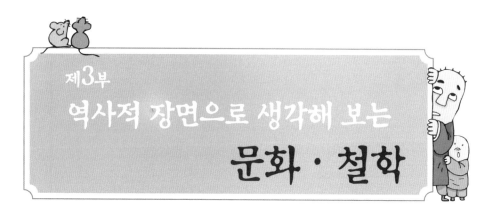

제3부
역사적 장면으로 생각해 보는
문화 · 철학

야누스는 지킬 박사와 무엇이 다를까?

로마 신 야누스(Ianus)는 우리에게 '두 얼굴'의 신으로 잘 알려져 있다. 사람들은 흔히 '지킬 박사와 하이드'처럼 선과 악이 공존하는 이중적 인간을 야누스에 빗댄다. 심지어 야누스는 가면을 쓴 위선자로 묘사되기도 한다. 그래서 오늘날 누군가에게 '야누스'라는 별명을 붙여 준다면, 그는 분노하면서 길길이 뛸 것이 뻔하다. 그러나 사람은 누구나 이중적인 면을 가지고 있다. 어쩌면 야누스야말로 가장 인간적인 신일지도 모른다. 그렇다면 고대 로마인들에게 야누스는 본래 어떤 신이었을까?

로마인들은 30여 명이나 되는 신을 섬겼다. 하지만 대부분 그리스 신을 복제한 것이었다. 예를 들면 로마 신 주피터는 그리스 신

제우스를 대신하는 하늘의 신이고, 지혜의 신 미네르바는 그리스 신 아테나에 해당한다. 사랑의 신 베누스는 아프로디테를, 넵투누스는 포세이돈을 흉내 낸 '짝퉁' 신들이다. 그런데 오직 야누스만은 그리스에도 없고 다른 나라에도 없는 로마의 토종 신이다.

1월의 상징 야누스는 '시작'을 주관하는 문지기 신

고대 로마인들에게 야누스는 여러 가지 상징을 가진 신이었다. 우선 야누스는 시작을 뜻한다. 영어로 1월을 가리키는 '재뉴어리(January)'가 라틴어 '야누아리우스(Januarius)'에서 유래했다는 것은 잘 알려져 있다.

'시작이 반'이라는 말은 어느 시대나 통용되는 진리였다. 그래서 민족마다 새해에 행하는 전통 풍습이 있게 마련이다. 우리나라에서는 오랜 옛날부터 새해 첫날인 설날을 가을의 한가위와 함께 양대 명절로 여기고 있다. 설날과 관련된 풍습에는 여러 가지가 있는데 섣달 그믐밤에 일찍 자면 눈썹이 하얗게 센다는 속설에 따라 날짜가 바뀔 때까지 잠을 자지 않는 풍습, 설날 아침에는 푸짐한 차례 상을 차려 놓고 조상들에게 제사를 지내고 세배하는 풍습 등이 그 예이다. 그러한 설날 분위기는 보통 정월 대보름날까지 이어졌다. 사실상 정월의 절반을 축제 분위기로 보냈던 것이다.

고대 로마인도 '시작'에 각별한 의미를 두었다. 그들은 1년 중해가 가장 짧은 동지 즈음에는 낡은 해가 죽고, 1월에 다시 새로운 해가 태어난다고 믿었다. 그리고 그것을 기념하기 위해 시끌벅적한 축제를 벌였다. 로마인들은 해가 뜨는 아침마다 제사를 드리며 1월 한 달을 온전히 축제로 보냈다. 이를 사투르누스 축제(또는 사투르날리아)라고 했는데, 이 기간에는 주인이 노예에게 음식을 차려주면서 위아래 없이 어울려 놀았으니 오늘날로 치면 일종의 '야자타임'이라 하겠다. 예수의 탄생일로 알려진 12월 25일이 '크리스마스'라 하여 오늘날까지 범인류적인 축제일로 이어져 온 것도 여기서 유래했다는 설이 있다. 그런데 이 축제에서 섬김을 받은 신이 바로 로마의 신 야누스였다.

이처럼 로마의 신 야누스는 로물루스(Romulus : 기원전 7세기경에 로마를 건국했다는 전설의 영웅)가 로마를 세울 때부터 숭배를 받았고, 모든 종교 의식에서 다른 어떤 신들보다 가장 먼저 제물을 받는 신이었다. 그 때문에 1월은 '야누스(Janus)의 달'이 됐다. 그러면 한 해를 시작하는 1월이 겉 다르고 속 다른 '두 얼굴의 달'이라는 말일까?

본디 야누스는 로마 신화에서 집이나 도시의 출입문을 지키는 수호신이다. 고대 로마인들은 야누스의 얼굴이 두 개라고 여겼다. 출입문의 안팎을 지키며 오는 사람을 맞이하고 가는 사람을 배웅하려면 두 개의 얼굴이 있어야 한다고 생각한 것이다. 심지어 어떤 그림에서는 야누스의 얼굴이 네 개로 그려지기도 했으니, 화가들은 야누스가 문의 앞뒤뿐만 아니라 양옆도 지켜주기를 바랐던 모양이다. 이처럼 야누스는 출입문의 '겉과 속'뿐만 아니라 동서남북 네 방향을 철통같이 지켜 주는 문지기 신이다.

인간에게 내재한 다면성을 표현하는 야누스

그런데 로마인에게 야누스는 단순한 문지기가 아니었다. 그들은 공간의 경계인 출입구뿐만 아니라 밤과 낮, 과거와 미래 등 시간의 문까지도 야누스가 지켜 준다고 생각했다. 그들에게 '문(門)'은 새로운 시간으로 들어가는 입구였다. 야누스가 지키는 '1월의 문'이야말로 모든 사물과 계절의 시작을 주관하기 때문에 로마인들은 새해 벽두에 제물을 바치며 야누스를 섬겼던 것이다.

한편 야누스는 참 바쁜 신이기도 했다. 출생은 곧 새로운 인생의 시작을 의미하는 것이므로, 인간의 출산도 그가 담당해야 했기 때문이다. 또 전쟁을 시작하는 것도 야누스 신의 소관이었다. 그래서 로마 사람들은 전쟁이 일어날 낌새가 있으면 아예 신전 문을 열어 놓아, 언제든지 야누스가 뛰쳐나와서 싸움의 서막을 열어 주기를 바랐다. 로마 중심부에 있던 신전의 문은 평화로울 때는 닫혀 있고 전쟁 중에는 열려 있었는데, 누마(로마의 제2대 왕으로, 로마 종교 의식의 창설자로 일컬어짐)와 아우구스투스가 다스릴 때에는 단 한 번만

달혔다고 한다. 그만큼 전쟁이 많았다는 뜻이다. 한편 로물루스에게 여자들을 빼앗긴 사비니 족이 로마를 공격했을 때, 야누스는 뜨거운 샘물을 뿜어 적을 물리쳤다는 전설도 전한다.

사실 그 유래를 들여다보면, 1월의 신 야누스는 결코 '지킬 박사와 하이드' 같은 이중인격의 신이 아니다. 겉 다르고 속 다른 가면(假面) 현상과는 더더욱 관련이 없다. 야누스가 두 얼굴 또는 네 얼굴을 하고 있는 것은 맞다. 하지만 야누스는 같은 얼굴로 과거와 미래, 또는 출입문의 안과 밖을 살펴본다.

그런데도 야누스가 각기 다른 두 얼굴의 존재로 여겨지는 이유는 무엇일까? 한편으로는 바라보는 대상에 따라 각기

너네들 이랑
의미가 다르거든?

우리랑 비슷한 게
아니었나?

아수라 백작

지킬 박사와
하이드

다른 표정을 짓게 되는 인간의 내면 때문일 것이고, 다른 한편으로는 같은 대상이라도 바라보는 사람에 따라서 달라 보이기 때문일 것이다. 결국 야누스가 상징하는 것은 모든 인간에게 내재된 '다면성'이다. 그렇다면 야누스는 '지킬 박사와 하이드'보다는 '햄릿'과 유사한 신이라고 보아야 할 것이다.

셰익스피어가 만든 비극의 주인공 햄릿은 '다면적 인간'의 전형이다. 오늘날 우리나라 사람들은 햄릿에게서 사색만 하고 결단력이 부족한 낭만주의자의 모습을 주로 본다. 하지만 어떤 사람은 염세적이지만 행동적인 그의 모습에 주목한다. 19세기 러시아의 문호 이반 투르게네프는 인간을 '햄릿형'과 '돈키호테형'으로 나눴는데, 당시 러시아인들은 전제 군주의 억압 속에서 자신들이 햄릿 같은 존재라고 믿었다. 이처럼 햄릿이 사람들에게 여러 가지 모습으로 받아들여졌던 것은 그 인물이 가진 다면성 때문이다. 인간은 본래 다면적인 존재이기 때문에 누구나 햄릿에게서 자신의 모습을 발견하는 것이다.

현대 사회에서는 인간의 다면성에 대한 관심 늘어

그런데 인간의 다면적 속성을 자신의 직업에 가장 적절하게 활용하는 사람이 바로 점쟁이들이다. 점쟁이들은 대부분 남녀 문제, 재산 문제, 진학과 취업 문제 등 사람들이 겪는 가장 보편적인 고민거리 가운데 하나를 가설로 삼아 점괘를 뽑는다. 그리고 고객이 겉으로 드러낸 모습이나 그와의 자연스러운 대화 과정에서 요긴한 정보를 얻는다. 그런 다음에 고객이 드러내지 않은 여러 가지 고민거리 중에서 점괘와 일치하는 면을 교묘하게 끌어낸다. 그러면 고객은 마치 햄릿에서 자신의 모습을 보듯이, 점괘에서 자신의 고민거리를 찾게 된다. 그렇게 해서 용한 점쟁이가 탄생하는 것이다. 모든 사람이 야누스의 속성을 가졌기에 가능한 일이다.

오늘날 사회 각 분야에서 '다면평가(多面評價)'라는 말이 자주 들린다. 회사나 공공 기관에서는 인사의 공정성과 객관성을 확보하기 위해서 '**다면평가제**'가 이뤄지고 있다. 이는 사장이나 인사 관련 임원뿐만 아니라 선후배 동료들이 함께 인사 평가에 참여하는 제도이다. 한 사람을 놓고 여러 각도에서 다양한 사람들이 평가를 하는 것이다. 대학 입시나 신입 사원 입사 시험에서는 평가 대상이 가진 다면성을 평가하기도 한다. 심지어는 금융 기관에서 대출 전에 고객의 신용 상태를 여러 가지 측면에서 평가하는 것도 다면평가이다.

이 모든 것이 인간이 가진 다면성을 파헤치려는 시도들이다. 인간은 본질적으로 야누스의 심성을 지닌 다면적 존재이다. 사람들은 이제야 비로소 눈에 보이는 면으로만 사람을 평가하지 말라는 야누스의 충고에 귀를 기울이는 모양이다.

다면평가제

그동안 회사 같은 조직에서의 인사 평가는 주로 윗사람의 일방적인 시각에 따라 하향식으로 이뤄졌다. 그러다 보면 일면적인 평가에 머물 수밖에 없는데, 이 문제점을 보완하기 위해 도입된 것이 다면평가제이다. 인사 평가에 상사는 물론 동료나 부하 직원, 심지어는 고객까지 평가 주체로 참여시키는 것이다. 이처럼 평가 주체가 다양해지면 이론적으로는 공정하고 객관적인 인사 평가가 가능하다. 더불어 평가 결과에 대한 구성원 전체의 반발도 미리 막을 수 있다는 장점도 있다.

그런데 다면평가제가 장점만 가지고 있는 것은 아니다. 실제로 다면평가의 결과를 놓고 보면, 평가 주체가 객관적이고 공정한 평가보다는 자신의 이해관계에 따라 평가를 내리는 일이 많기 때문이다. 따라서 다면평가제가 제대로 이뤄지기 위해서는 조직 구성원 모두의 성숙한 윤리 의식이 전제되어야 할 것이다.

유비는 그렇게 너그러운 장수가 아니었다?

오늘날 텔레비전 방송에서 사극(史劇)은 변함없는 시청률을 보장해 주는 '짭짤한' 장르로 자리를 잡았다. 멀리는 삼국 시대 고대사부터 가까이는 일제 강점기의 근현대사까지, 문화적 트렌드에 따라 시공간을 넘나들며 펼쳐지는 사극은 진부한 사랑 타령에 식상해진 시청자들에게 꽤 쏠쏠한 재미를 선사한다. 그런데 대부분의 사극에는 역사적 사실과 더불어 근거 없는 허구도 등장한다. '재미'를 위해서이다. 그러다 보니 파생되는 문제도 있다. 사극의 내용이 실제 역사와 달라서 시청자에게 혼란을 준다는 것이다.

이는 역사를 소재로 삼은 장편 소설에 종종 가해진 비판이기도 하다. 역사로서의 '사실'과 예술 작품으로서의 '허구'가 결합하면서 빚어지는 딜레마인 셈이다. 이처럼 사실과 허구가 뒤섞인 이야기를 **팩션**(Faction)이라 하는데, 팩션 소설의 원조는 아마도 그 유명한 『삼국지연의(三國志演義)』일 것이다. 과연 『삼국지연의』는 어느 정도의 '사실'과 '허구'로 구성된 것일까? 그 시대의 실제 역사 속으로 들어가 보자.

후한 대 부패한 현실에 저항한 청류파 선비들

기원전 202년에 유방이 세운 한(漢) 왕조는 건국 200년이 지나면서 급진 개혁가 왕망(王莽)에게 멸망당하지만, 곧 광무제 유수(劉秀)에 의하여 서기 25년에 '후한'이라는 이름으로 부활한다. 후한은 막강한 제국이었다. 하지만 서기 105년 이후 갓난아기인 상제와 열세 살의 안제 등 코흘리개 황제들의 시대가 이어지면서 조정은 태후와 외척 권신들의 독무대가 되고 말았다. 부패의 온상에서 한번 권력 맛을 본 외척들은 순제, 충제, 질제, 환제 등 분별력 없는 어린아이만 골라 황제 자리에 앉히면서 50여 년 동안 노골적인 권력 독점 행각을 이어 갔다. 그들은 벼슬자리를 팔아 떼부자가 됐다. 외척 권력의 대부인 양기는 낙양 주변의 토지를 독점하며 황제보다 더 사치스러운 생활을 누렸다.

그러던 서기 157년, 철이 들면서 외척의 전횡에 진저리치던 환제는 다섯 명의 환관과 결탁하여 양기를 제거하고, 그 다섯 명을 정치적 동반자로 삼았다. 하지만 새로 권력을 잡은 환관 세력의 횡포는 외척들보다 한 수 위였다. 그들은 황궁을 능가하는 대저택을 여러 채씩 지어 놓고 천하를 주무르면서 황제 위에 군림했다. 환제로서는 혹 떼려다 혹 붙인 격이었다.

조정의 정치판은 환관 세력과 결탁한 관료들의 세상이었다. 이들을 일컬어 '탁류(濁流, 흙탕물)'라고 했다. 하지만 이 흙탕물에 맑은 물을 퍼붓는 지식인 출신의 관료들도 있었다. 그들은 목숨을 걸고 황제에게 빗발치듯 직언을 하면서 환관 세력을 공격했다. 이렇듯 양심 있는 지식인을 '청류(清流, 맑은 물)'라고 불렀다. 하지만 백성의 신망을 받던 청류는 대대적인 탄압을 받았고, 166년에는 환관들의 모함을 받아 수많은 청류 지식인들이 체포되어 옥에 갇히는 '당고(黨錮)의 화(禍)'가 일어나기도 했다. 그런 탄압의 과정에서 '잡혀가는 사람만이 진짜 사대부'라는 말이 떠돌았고, 청류파 인사들은 옥에 갇히는 것을 오히려 자랑스러워했다. 결국 황제와 환관 세력은 손을 들고 말았다.

그러던 167년, 환제가 죽고 열두 살의 영제가 즉위한다. 청류파는 다시 환관 세력을 제거할 계획을 세우지만, 오히려 환관 세력의 역습을 받아 순식간에 100여 명의 청류파가 살해되는 비극을 맞게 된다. '제2차 당고'였다. 이처럼 후한의 왕실과 조정은 지식인 관료들의 도덕적 이상 정치가 끼어들 틈이 없을 정도로 썩어 있었다.

농민 요구 짓밟고 전쟁 시대 연 삼국지의 영웅들

한편으로 그 무렵에는 질병이 휩쓸고 가뭄이 들어 유랑하는 백성들이 늘어났다. 요적(妖賊 : 괴이한 도둑이나 반역자)이 여기저기서 끊임없이 봉기를 일으켰다. 이 무렵 후한의 백성들 사이에는 '태평도'라는 종교가 세력을 넓히고 있었다. 태평도의 교주 장각(張角, ?~184)은 도술을 부리며 신비로운 물로 백성들의 병을 고쳐 준다는 소문과 함께 세력을 넓혀 갔다. 화북, 화중에서 강남에 이르기까지 태평도를 따르는 무리는 급격하게 불어났다.

수십만 농민이 태평도의 깃발 아래 모여들면서, 그들 사이에는 반(反)정부 분위기가 싹터 올랐다. 마침내 그들은 무장을 했고, 장각은 1만 명씩 단위로 전국에 36방(方)의 교단 조직을 편성했다. 이윽고 장각은 스스로 천공(天公) 장군이라 칭하고 두 아우를 인공(人公), 지공(地公) 장군으로 임명했다. 황색 천을 허리에 두른 장각은 역성혁명으로 후한 왕조를 뒤집자고 호소했다.

"창천(蒼天 : 파란 하늘, 곧 한나라 왕조를 상징)은 이미 죽었다. 이제 마땅히 황천(黃天)이 서야 할 것이다. 그 해는 바로 갑자(甲子)년이다."

갑자년인 184년 1월, 전국 36방의 태평도는 일제히 봉기했다.

그들은 한 왕조를 부정하고 새로운 국가 건설을 염원하는 황색 두건을 머리에 썼다. 봉기군은 관청을 불태우면서 마을들을 점령했다.

사태가 다급해지자 조정은 급기야 권력 싸움을 중지하고 대책을 숙의했다. 탁류로 얼룩진 조정은 청류파가 반군과 손을 잡는 것이 두려워, 옥에 갇힌 수많은 청류파를 풀어 주었다. 당고에서 풀려난 청류파는 은연중에 농민 봉기를 부채질했다. 하지만 184년 말 장각이 갑자기 병으로 죽으면서 황건 무리의 기세는 꺾이고 말았다. 그 틈을 타 황보숭이 이끄는 진압군이 황건의 주력군을 진압했다.

그러나 한번 타오른 반란의 불길은 좀처럼 꺼질 줄 몰랐다. 수천, 수만 명 규모의 봉기가 전국 각지에서 끊임없이 일어났다. 황건의 난에 영향을 받은 농민들이 흑산(黑山), 백파(白派) 등지에서 연달아서 봉기하여 왕조의 종말을 재촉한 것이다. 특히 흑산에서는 봉기군의 수효가 100만 명에 이를 정도였다. 게다가 북쪽으로부터 선비족, 흉노족 등이 침입하여 후한 왕조는 바람 앞의 등불 신세였다. 황건의 잔당은 다시 고개를 쳐들었다.

이처럼 소용돌이치는 반란의 가운데에서 봉기군을 짓밟아 버린 쪽은 후한 왕조의 정예군이 아니라 원소와 조조, 동탁 같은 지방 군벌들이었다. 그리고 208년, 유비와 장비, 관우 등이 손권과 손잡고 적벽대전에서 조조의 군사를 격파함으로써 사실상 후한은 막을 내렸다. 그 뒤 중국 땅은 위, 촉, 오 3국으로 분리되어 숱한 영웅들의 시대가 펼쳐졌다. 세월이 1,000년도 더 지난 후, 중국 원나라의 소설가 나관중은 삼국의 전쟁 이야기를 소재로 삼아 『삼국지연의』라는 웅장한 역사 소설을 쓰게 된다. 이 책이 바로 오늘날의 베스트셀러 소설 『삼국지』이다.

삼국지는 이분법적 역사관의 산물

흔히 삼국지를 70퍼센트의 역사적 사실과 30퍼센트의 소설적 허구로 구성된 고전 역사 소설이라고 한다. 하지만 역사적 사실과 결부해 보면 이 '70퍼센트'마저 의심스럽다. 따라서 『삼국지연의』는 허구성이 역사적 사실을 은폐하거나 왜곡했을 가능성이 농후한 고전이다. 소설 속 맹장 장비의 투박한 외모와 불 같은 성격은 극단적으로 단순화되었고, 관우의 인격과 무예 실력 또한 부풀려졌다. 또한 유비는 본래 그가 가진 과격함이 완전히 제거되어 한없이 너그러운 장수로 그려졌다. 부패한 관료 독우를 매질한 것은 실제로 장비가 아니라 유비였다는 사실이 그 단적인 예이다. 『삼국지연의』의 저자는 유비 세력을 지나치게 흠모했던 모양이다.

한편 소설의 허구성은 제갈량에 이르러 극치를 이룬다. 실제로 유비가 격퇴한 전투도 소설 속에서는 제갈량의 업적으로 둔갑한다. 더불어 패한 전투에 대한 제갈량의 책임은 소설 속에서 슬며시 제거됐다. 그리하여 제갈량은 신비한 전략가로 탄생한다. 반면 조조는 억울한 피해자이다. 유비 진영의 선(善)이 강조되는 만큼 조조의 잔인함과 교활함도 비례하여 강조됐기 때문이다. 그가 살아 돌아온다면 『삼국지』라는 말만 들어도 경기를 일으킬지 모른다.

이처럼 고전 소설 특유의 지나치게 단순화된 이분법적 구조는 역사를 비틀어 버린다. 『삼국지』의 주인공들은 과연 영웅일까? 그렇다. 하지만 작품 속에 갇힌 가상의 영웅일 뿐이다. 미국 영화 〈에어포스 1〉에 나오는 그 '전천후 영웅'처럼 말이다.

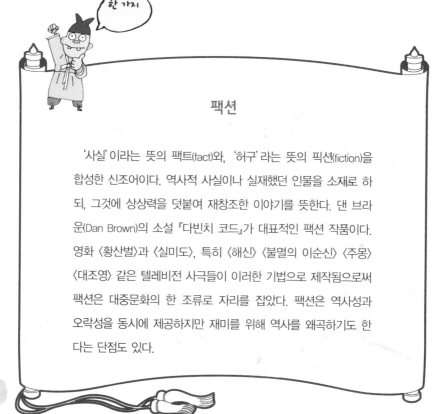

팩션

'사실'이라는 뜻의 팩트(fact)와, '허구'라는 뜻의 픽션(fiction)을 합성한 신조어이다. 역사적 사실이나 실재했던 인물을 소재로 하되, 그것에 상상력을 덧붙여 재창조한 이야기를 뜻한다. 댄 브라운(Dan Brown)의 소설 『다빈치 코드』가 대표적인 팩션 작품이다. 영화 〈황산벌〉과 〈실미도〉, 특히 〈해신〉 〈불멸의 이순신〉 〈주몽〉 〈대조영〉 같은 텔레비전 사극들이 이러한 기법으로 제작됨으로써 팩션은 대중문화의 한 조류로 자리를 잡았다. 팩션은 역사성과 오락성을 동시에 제공하지만 재미를 위해 역사를 왜곡하기도 한다는 단점도 있다.

우리는 어떻게 '백의민족'이 된 것일까?

한민족은 흰옷을 즐겨 입어서 '백의민족'이라고도 한다. 그런데 우리 민족이 흰옷을 입은 이유는 제대로 알려지지 않았다. 그저 추론에 따른 몇 가지 설이 있을 뿐이다. 더불어 우리 조상들이 흰옷을 '즐겨' 입었는지, 즐기지는 않았지만 어쩔 수 없이 입었는지도 알기 어렵다. 그러나 우리 민족이 수천 년 동안 흰옷과 함께 하면서 고유하고 독특한 정서를 형성해 온 것만은 틀림없다.

중국 문헌인 『삼국지』 「위지」에 따르면, 일찍이 부여 사람들은 흰색을 숭상하여 큰 소매 달린 흰색 도포와 바지를 입었다고 한다. 당나라 학자 이연수가 편찬한 『북사』에는 고구려 사람이 하얀 무명

옷을 입는다는 이야기와, 신라 사람들이 흰색 옷을 숭상한다는 내용도 기술되어 있다. 송나라 사신 서긍이 쓴 『고려도경』에서도 '고려의 평복은 백저포(白紵蒲)'라 적고 있다. 흰옷의 역사가 늦어도 삼한 시대 이전부터 시작됐음을 보여 주는 기록들이다.

백성들의 흰옷 착용을 금지한 조선 시대 통치자들

조선 시대에 이르러서도 백성들은 여전히 흰옷을 입었다. 하지만 이때부터 흰옷의 역사는 그리 순탄하지 않았다. 조선 통치자들은 흰옷을 달갑게 여기지 않았기 때문이다. 법도에 죽고 사는 그들 사대부들은 아예 흰옷 착용을 금지하는 국법을 만들어야 한다고 주장했다. 실제로 태종 이방원은 즉위 이듬해인 5월에 '백의(白衣)금지령'을 내렸다. 숙종 2년에는 영의정 허적이, 숙종 17년에는 참찬 민창도가 흰옷을 금지해야 한다고 주장해 숙종이 그대로 따랐다고 한다. 나아가 헌종이나 영조 때도 백의금지령이 내려졌다.

이처럼 조선의 사대부들이 줄곧 흰옷에 딴죽을 건 것은, 유교적 가설의 하나인 '오행설' 때문이었다. 동쪽 나라 조선은 오행으로 보면 '목(木)'이므로 동쪽을 상징하는 청색 옷을 입어야 한다는 것이 당시 글깨나 안다는 사대부들의 믿음이었다. 게다가 유교 사회에서 흰옷은 곧 상복(喪服)을 의미하는 것이었으므로 이를 금기시했던 것이다.

흰옷에 대한 '탄압'은 조선 말기에도 이어졌다. 1894년 갑오개혁이 한창일 무렵에 개화파들은 색깔 있는 옷을 장려했다. 상복을 연상케 하는 흰옷을 벗어 던지고 분위기를 확 바꿔서 '세계 시대'를 열어 가자는 뜻이었을 것이다. 아니면 막 들어서기 시작한 염색 공장의 번성을 위한 것이었는지도 모를 일이다. 이어 1906년에는 아예 흰옷을 못 입게 하는 법령이 반포됐다. 이어 일제 강점기에도 지배자들은 백성들의 흰옷에 시비를 걸었다.

하지만 이와 같은 통치자들의 의도는 관철되지 않았다. 빛깔 좋고 편리한 옷을 무한정 공짜로 나누어 주지도 않는 마당에 흰옷을 금지하는 것은 벗고 살라는 소리나 마찬가지였다. 그래서 백성들은 번번이 백의금지령에 콧방귀를 뀌었다. 아무리 통치자의 권위가 막강하더라도 한꺼번에 모든 백성의 흰옷을 강제로 벗길 수는 없었을 것이다. 더불어 일제 강점기에는 흰옷이 항일 정신의 상징처럼 되기도 했다. 그러면서 한민족의 흰옷 문화는 8·15 광복 이전까지도 꿋꿋하게 지켜졌다.

그러면 한민족은 왜 흰옷을 입게 됐을까? 그리고 왜 수천 년 동안 흰옷을 지켜 온 것일까? 이러한 질문에 대해 "염색 기술이 없었기 때문일 것"이라며 농담 섞인 답변을 내놓는 사람들도 있다. 완전히 틀린 말은 아닐 것이다. 하지만 고대 한반도가 다른 지역에 비하여 특별히 염료와 염색 기술이 뒤떨어졌다는 증거는 없다. 또

민족성이 순수해서 흰옷을 즐겨 입었다고 말하는 사람도 있다. 그러나 그 기준으로 본다면 아예 옷을 입지 않는 '누드' 족이야말로 가장 순수하고 투명하지 않겠는가?

한민족이 흰옷 즐겨 입은 이유는 잿물 때문

근대 일본의 동양 사학자인 도리야마 기이치〔鳥山喜一〕는 "몽골 침략으로 나라가 망한 고려인들이 조의를 표하기 위해 흰옷을 입기 시작했다."라고 주장했다. 『삼국지』「위지」나 『북사』 같은 역사 기록이 없었다면 우리는 그에게 깜빡 속을 뻔했다. 민예학자 야나기 무네요시〔柳宗悅〕는 "주변국의 침탈과 억압을 받으며 식민지적 삶을 오래 살아온 한이 맺혀 상복이 일상복이 되고 말았다."라고 설파했다. 일제 강점기 때 광화문 철거를 막은 것으로 잘 알려진 이 일본 학자의 조선 사랑만큼은 인정할 만하지만, 이러한 그의 주장은 조선 민중의 역동성을 제대로 보지 못한 가설일 뿐이다.

한편 일제 강점기 민속학자 최남선은 백의민족의 기원에 대해 "고대 조선인이 스스로 하느님의 자손임을 믿어, 태양을 상징하는 흰 빛을 신성하게 여기며 흰옷을 자랑 삼아 입었다."라고 주장했다.

최남선의 말로는 해를 숭배하는 원시 신앙으로 인해 사람들이 흰빛을 좋아했다는 것이다. 흰색에 대한 신앙은 한반도뿐만 아니라 북방 아시아 민족의 일반적인 현상이었다. 중국 지방의 고구려

고분 벽화에 나오는 '농사의 신'을 보면 소의 머리를 한 형상에 흰색 두루마기를 입고 있다. 게다가 북방 민족의 원류인 몽골족이야 말로 원조 '백의민족'이다. 몽골족은 하얀 옷을 즐겨 입는다. 그들이 사는 집도 하얗고, 지위가 높은 장수가 타는 말도 하얗다. 몽골은 흰색에서 시작하여 흰색으로 끝나는 나라이다. 애초에 한민족이 흰옷을 평복으로 입게 된 유래는 바로 몽골의 문화에서 비롯되었을 가능성이 높다.

하지만 그것은 흰옷을 입게 된 기원은 될지언정, 수천 년 동안 한민족이 흰옷을 지켜 온 이유를 온전히 설명할 수는 없다. 의식이 물질을 지배하는 것이 아니라, 물질이 의식을 지배하는 법이다. 따라서 한민족의 흰옷 문화에도 관념의 지배가 아닌, 무언가 현실적인 이유가 있음직하다.

한일 비교 문화 연구의 권위자인 문화 사학자 윤소영 교수는 그 이유를 '잿물'에서 찾는다. '잿물'은 볏짚이나 콩깍지 등을 태운 재를 물에 담가 우려낸 천연 알칼리성 용액이다. 고대 이래로 사람들은 이 잿물에 빨래를 삶아 살균과 표백을 했다. 그럼으로써 흰옷을 더욱 하얗게 유지·관리할 수 있었다는 것이다.

또 잿물은 막 자아내어 뻣뻣하고 노르스름한 무명옷을 하얗고 유연하게 만들어 준다. 논밭에서 일하는 동안 흙물에 범벅이 된 옷도 잿물에 한 번 삶기만 하면 눈부시게 하얀 진솔옷으로 거듭난다.

그 탁월한 효능 덕분에 해방 후에는 수산화나트륨으로 만든 인공 잿물인 '양잿물'까지 등장했다. 지금의 중년 세대가 어렸을 적만 해도 양잿물에 흰옷을 삶는 광경은 집 안에서 늘 볼 수 있는 일상 사였다. 세제, 살균제, 표백제는 물론 섬유 유연제 역할까지 해 주는 잿물. 백의민족에게 그것은 '꿈의 세제'였다. 잿물이 있는 한 백의민족의 입성은 늘 하얗게 빛날 수 있었던 것이다.

고대부터 '웰빙'의 지혜 터득한 한민족

사실 우리가 백의민족인 이유를 단 한 가지로 잘라 말하기는 어려울 것이다. 그러나 적어도 우리 민족이 흰옷을 즐겨 입은 이유가 한(恨) 때문은 아니며, 흰색을 숭상하는 신앙 때문만도 아니라는 것은 확실하다. 흥미로운 사실은, 오늘날 우리가 가진 통상적인 관념과는 달리 과거 농경 민족에게는 흰옷이 오히려 손질하기 쉽고 위생적인 옷이었다는 것이다. 그런 현실의 편리함 때문에 우리 조상들은 굳이 '색깔 있는' 민족이 될 필요가 없었다. 우리가 백의민족인 것은 조상들이 일찍이 참살이, 즉 '웰빙(well-being)'을 실현해 온 까닭인 것이다.

21세기에 들어오면서 사람들 사이에는 웰빙 바람이 다시 불고 있다. 더불어 온갖 상품으로 웰빙을 팔아먹는 상업주의 열풍도 거세다. 하지만 무한궤도를 질주하는 전차처럼 물질적 욕망을 향하여 치닫는 삶을 되짚어 보고 정신적 여유와 안정을 찾는 삶을 추구하는 것이 곧 웰빙이다. 따라서 웰빙은 돈으로 사는 것이 아니라, 주어진 자연 조건에 순응하면서 거기에서 유용한 소재를 찾아 실생활에 지혜롭게 활용하는 것이다. 풍요롭고 기름진 삶보다는 소박하고 아름다운 삶 말이다.

웰빙

현대 자본주의 사회는 끊임없이 사람들의 물질적 욕망을 자극한다. 그래서 사람들은 부의 축적을 목적으로 하는 삶을 살고 있다. 이러한 삶의 양식은 여러 가지 스트레스를 몰고 와서 결국은 신체 건강과 정신의 행복을 소홀히 하는 결과를 초래함은 물론, 심한 경우에는 정신적 공황 상태까지 일으키기도 한다. 사람들이 육체와 정신이 조화로운 삶을 통해 진정한 행복을 찾고자 하는 것은 바로 그런 것에 대한 반작용이라 할 수 있다. 그리고 그런 삶의 유형이나 문화를 통틀어 웰빙이라고 한다.

패스트푸드 문화에 반발하여 1980년대 유럽에서 시작된 슬로푸드(slow food) 운동이나, '느림'의 미학을 추구한 1990년대 슬로비(slobbie) 족, 물질적 풍요와 정신적 자유를 동시에 추구하는 보보스(bobos : '부르주아'와 '보헤미안'을 결합한 신조어) 운동이 있었는데, 이러한 흐름을 포괄적으로 나타낸 말이 곧 웰빙이다.

우리나라에서는 2003년 이후 웰빙 문화가 본격화되어 이른바 '웰빙 족'이 출현하였다. 이들은 유기 농산물을 먹고, 요가와 명상 같은 정신적 취미 생활과 체험 여행을 즐기며, 작은 공동체 안에서 서로 나누는 삶을 추구한다.

원균은 정말로
비겁한 간신이었을까?

작품 수준이 낮은 영화나 드라마일

수록 주연과 조연의 함량에는 큰 차이가 있다. 작품에 나오는 주연

이 대부분 잘생기고 능력 있고 성격이 좋은 팔방미인인 반면, 조연

은 그와 반비례하는 인물로 그려지기 십상이기 때문이다. 이는 조

연을 희생시킴으로써 주연의 이미지를 부각시키고, 그로 인하여

흥행몰이를 하려는 얄팍한 수법이기도 하다.

그런데 역사 속에서 각 시대를 대표하는 위인들의 전기문에서도

이것은 마찬가지다. 주인공은 죄다 외모가 훤하고 비상한 재주를

가진 인물로 묘사되는 반면에 조연은 늘 '보완'이 어느 정도 필요

한 인물로 그려지기 쉬운 탓이다. 더불어 주인공에게는 과잉 찬사

역사적 장면으로 생각해 보는 문화·철학

207

를 아낌없이 늘어놓고, 조연에게는 근거 없는 악담을 퍼붓기도 한다. 그것 또한 '주인공 살리기'를 위한 이미지 전략일 것이다.

전공을 다투다가 맞수로 돌아선 이순신과 원균

임진왜란 때 세계 해전사에 빛나는 공을 세운 충무공 이순신 장군. 그의 이름 앞에는 '구국의 영웅'이니 '살신성인의 위인'이니 하는 온갖 장엄하고 화려한 수식어가 따라붙는다. 하지만 동시대에 목숨을 걸고 수군의 한쪽을 지휘한 원균에게는 줄곧 '간신' 또는 '이순신을 모함한 비겁한 출세주의자'라는 비난이 쏟아졌다. 당시 조선 수군의 2인자였던 원균은 왜 그토록 부정적인 이미지를 뒤집어쓰게 된 것일까?

임진왜란이 발발한 1592년 4월 부산포를 공격한 왜군은 다섯 시간 만에 부산진성을 함락하고 파죽지세로 북진하여, 18일 뒤에는 한양을 점령하고 말았다. 하지만 바다에서는 사정이 달랐다. 일찍이 여진족 토벌로 용맹을 떨치고, 임진왜란 두 달 전에 52세의 나이로 경상우수사에 임용된 원균은 서너 척의 전선을 이끌고 필사적으로 왜군에 맞서고 있었다. 그렇게 20일간 왜군의 서진을 온몸으로 막아 낸 원균에게, 진용을 제대로 갖춘 전라좌수영의 이순신 함대가 합류하게 된다.

1591년에 전라좌수사로 임용되어 나름대로 전투 준비를 갖춘 이순신과, 적은 병력이지만 일당백의 기개로 용맹하게 싸워 온 원균. 이들의 연합 함대는 옥포에서 벌어진 첫 전투에서 왜선 26척을 격파하는 전과를 올렸다. 조선군이 거둔 첫 승리였다. 이때 원균은 나란히 연명으로 장계(狀啓 : 왕명을 받고 지방에 나가 있는 신하가 자기 관하의 중요한 일을 왕에게 보고하는 것)를 올려 임금의 심기를 위로해 드리자고 했다. 그러나 이순신은 장계 문제는 장차 적장의 머리를 얻은 이후에 다시 논하자며 거절했고, 원균은 순순히 제 의견을 접었다.

하지만 이순신은 전라좌수영으로 돌아와 '옥포파왜병장', 즉 옥포해전에 대한 승전 장계를 썼다. 그 후에도 두 사람은 당포에서 제2차 연합 작전을 벌여 승리했다. '천하의 맹장' 원균과 '소리 없이 강한' 이순신의 연합 함대는 이어진 한산해전에서도 학익진 전법을 펼쳐 대승을 거두었다. 그리고 이순신은 또 단독으로 장계를 올렸다. 개전 초기에 경상우수영을 빼앗기고 전선 몇 척으로 겨우 버티던 원균이 공을 세웠으면 얼마나 세웠겠느냐는 생각에 혼자서 장계를 올렸던 것이다.

한산대첩이 끝난 뒤인 1593년 8월, 장계 덕분에 이순신은 정식으로 삼도수군통제사에 올랐다. 뒤늦게 그 이유를 알게 된 원균은 울화통이 치밀었다. 비록 소수 병력이었지만 자신은 전투마다 선봉에서 목숨을 아끼지 않고 싸워 온 터였다. 원균은 분을 달랠 길 없어 한동안 술독에 빠져 지냈고, 이로써 조선 수군의 좌우를 거느리며 연승을 거두던 두 명장은 갈등 관계로 돌아서고 말았다.

이순신과 원균 사이에 갈등이 깊어지자 조정에서는 원균을 충청병사로 전임시켰다. 그리고 이순신에게는 전공을 세워 과실을 덮으라는 경고성 문책을 내려 사태를 수습한다. 원균은 억울한 마음으로 짐을 꾸려야 했다. 2인자의 비애였다.

서로 다른 두 죽음, 중요한 것은 삶의 마지막 장면

그 무렵 전쟁은 2년여 간 교착 상태에 빠졌다. 하지만 1596년에 명나라와 일본에 강화 회의가 결렬되어, 도요토미는 재침을 명하면서 조만간 왜군이 부산 앞바다로 상륙할 것이라는 거짓 정보를 흘렸다. 견내량을 철통같이 막고 있는 이순신을 유인하려는 전술이었다. 이에 솔깃한 조정에서는 이순신에게 부산 앞바다를 봉쇄하라는 명을 내렸다. 그러나 적의 계략임을 간파한 이순신은 출전을 보류했다. 당시 조선 수군의 힘만으로 부산을 치기에는 역부족인 데다가, 견내량을 지키는 것만으로도 적의 서진을 얼마든지 막을 수 있다는 판단에서였다.

한편 충청병사로 전임된 원균은 그 무렵 수군이 마땅히 출전해야 한다고 주청하는 장계를 조정에 올렸다.

"신의 소견으로는 수백 척의 전함으로 영등포 앞바다에 나아가 (중략) 위무를 떨치면 (중략) 가토 기요마사(당시 왜장)는 본래 수전에 능하지 못한 자이므로 겁을 먹고 반드시 군사를 거두어 돌아갈 것입니다."

그 장계 하나로 선조의 마음을 사로잡은 원균은 경상우수사로 복귀했다. 반면 출전을 거부한 이순신은 '괘씸죄'로 옥에 갇히게 됐다. 그즈음 원균은 수군 총사령관인 삼도수군통제사로 부임했다. 그러나 원균이 이순신을 모함했다는 소문이 병사들 사이에 나돌면서 통제영 분위기가 심상치 않았다. 더불어 병사들은 무리한 출전으로 몰살을 당할까 봐 두려움에 떨고 있었다. 비로소 원균은 이순신이 보인 태도를 이해하면서 자신의 생각이 짧았음을 절감한다.

그런 가운데 도원수 권율은 연일 출전을 독촉해 왔다. 마지못해 원균은 안골포로 나가 왜선 10여 척을 쳐부수는 전과를 올렸다. 그러나 곧이어 왜군의 대함대가 몰려오는 바람에 후퇴하고 말았다. 권율은 즉시 원균을 소환하여 후퇴의 책임을 추궁했다. 그러면서 병사들이 보는 앞에서 원균의 볼기짝에 곤장을 치게 했다. 지휘관으로서 최악의 수모를 당한 원균은 눈물을 머금고 한산 본영으로 돌아온다. 그리고 실로 감당하기 어려운 고뇌에 휩싸였다.

"군율에 따라 죽을 것인가? 아니면 군졸을 이끌고 사지(死地)로 갈 것인가?"

원균은 마침내 왜적 한 명이라도 무찌르고 죽는 쪽을 택했다. 그리하여 1597년 7월 5일, 그는 100여 척 남짓한 수군을 이끌고 한산 본영을 떠났다. 그리고 열흘 뒤 조선 수군은 칠천량 입구에서 왜선 200여 척의 기습 공격을 받았다. 지난 5년간의 해전 경험을 살려 철저하게 전력을 보완한 왜군에게 조선 수군은 힘없이 무너졌다. 주력 부대를 잃고 왜군에게 쫓기던 원균은 뭍에 올라 육전을 벌이다가 마침내 전사하고 말았다. 칠천량 해전은 이미 패배가 예정된 싸움이었던 것이다.

원균의 뒤를 이어 다시 삼도수군통제사에 오른 이순신은 명량해협에서 전함 12척으로 적선 133척을 무너뜨림으로써 조선 수군의 역사에 전설을 남겼다. 이어 노량해전에서는 적함 450여 척을 격침시키고 그 자신도 최후를 맞았다. 개인이 나라에 봉사할 수 있는 역량의 최대치를 보여 준 이순신은 가히 세계 해전의 역사에 빛나는 조선의 명장이었다.

조선 수군의 두 지휘관 이순신과 원균은 여러 가지 면에서 서로 달랐다. 이순신은 이기는 싸움만 했다. 그래서 때로는 조정의 명령을 무시하기도 했고, 그로 인하여 오해를 사서 위기에 몰리기도 했다. 하지만 군인 정신이 투철한 장수였던 원균은 명령에 죽고 명령에 살았다. 더불어 두 사람의 결정적인 차이는 최후의 장면에 있다. 이순신은 승리한 전장에서 최후를 마쳤고, 원균은 패배한 전장에서 쫓기다가 죽었다. 이순신이 잘 짜인 드라마의 멋진 주인공을 닮았다면, 줄곧 고전을 면치 못하다가 패전의 굴레를 뒤집어쓴 원균은 불운한 조연을 닮았다. 무릇 위인의 삶은 그 최후의 순간이 중요한 법이다.

역사는 주연만 기억한다

이순신과 동시대 맞수였던 원균을 몰락시킨 것은 두 개의 장계였다. 하나는 그의 전의를 상실시킨 이순신의 단독 장계였고, 다른 하나는 정세를 잘못 분석함으로써 스스로 무덤을 팠던 그 자신의 장계였다. 그러나 무엇보다도 전장의 현지 사정에 어두운 조정의 실책이야말로 두 짝을 갈라놓은 범인이었다. 왜란이 끝나고 3년 뒤에 있었던 선무 공신 추서에 대한 비망기(備忘記)에서 선조도 그 점을 밝혔다.

"원균은 이순신과 임진년에 동심 협력하여 싸움마다 항상 앞장선 것을 보면 그 용맹무쌍함을 가히 알 수 있다. 그러다가 패전을 하니 그 허물이 모두 원균에게 돌아갔는데, 그 책임은 원균이 짊어질 것이 아니다. 다름 아닌 조정에서 그렇게 한 것이다. (중략) 이순신과 권율, 원균을 모두 선무 일등 공신으로 봉하노라!"

그러나 인조반정 뒤에 권력의 지배자들은 다시 편찬한 『선조수정실록』에서 원균을 패장이자 겁쟁이로 기록했다. 그 이유는 정확히 밝혀지지 않았지만, 권력 투쟁의 승자들은 원균에 대한 기록을 부정적으로 바꾸었다. 저 유명한 율곡 이이(李珥)의 '십만양병설'도이 책에 처음 등장한다. 그래서 그 진위를 의심하는 사람들도 있다. 어떤 역사가는 이순신 장군 가문인 덕수 이씨 태생의 택당 이식(李植, 1584~1647)이 실록 수정의 책임을 맡은 사실에 주목하기도 한다. 하지만 이것들은 단지 심증일 뿐이다. 그것보다는 쿠데타로 권력을 쟁취한 이들이 과거의 역사를 부정하고 자신들의 통치를 정당화하기 위해 여러 가지 역사 기록을 뜯어고쳤는데, 그 가위질이 원균에게까지 미친 것으로 보인다.

역사에도 주연과 조연, 그리고 단역이 있다. 그런데 대부분의 역사는 주연만 기억한다. 고려 말과 조선 초의 정도전과 정몽주처럼 더러는 주연과 조연이 뒤바뀌기도 한다. 그리고 원균처럼 가끔 조연이 이름을 떨치는 경우도 있지만, 그가 떨치는 이름은 대체로 악명(惡名)이다. 하물며 역사에 등장하는 무수한 단역들의 경우는 말해 무엇하겠는가?

십만양병설

『선조수정실록』의 선조 15년(1582) 9월 1일자 기록에는 당시 율곡 이이가 선조에게 올렸다는 장문의 상소 전문이 실려 있는데, 그 끝자락에 다음과 같은 내용이 나와 있다.

> 이이가 일찍이 경연에서, 미리 10만의 군사를 양성하여 앞으로 뜻하지 않은 변란에 대비해야 한다고 말하자, 유성룡은 군사를 양성하는 것은 화단을 키우는 것이라며 강력히 변론했다. (중략) 임진년 변란이 일어나자 유성룡이 국사를 담당하여 군무를 요리하게 됐는데, 그는 늘 "이이는 선견지명이 있고 충근스러운 절의가 있었으니 그가 죽지 않았다면 반드시 오늘날에 도움이 있었을 것이다."라고 했다 한다.

이이가 임진왜란이 일어나기 10여 년 전에 전란을 예견하고 십만양병설을 임금에게 주청했다는 근거가 되는 기록이다. 그런데 이 기록은 인조반정을 일으킨 서인 세력이 날조한 것이라는 주장이 일고 있다. 『선조실록』에는 없는 기록이 인조 때 율곡의 제자들이 가담, 편찬한 『선조수정실록』에만 들어 있다는 것이다. 과연 십만양병설은 이이의 제자들이 날조한 것일까? 예사롭지 않은 문제이다.

세포이는 왜 영국군을 향해 총을 겨눴을까?

영국은 19세기 전반기에 이미 산업혁명을 완성하고 본격적인 대량 생산 체제를 확립했다. 사실 산업 혁명이라는 것은 '많이 만들고, 많이 팔고, 많이 벌자'는 것이다. 그러기 위해서는 값싼 원료와 넓은 소비 시장이 반드시 필요하다. 그즈음 영국의 자본가들이 주목한 곳은 아시아의 인도였다. 당시 무굴 제국의 통치가 유명무실해진 인도는 이미 17세기 초반부터 영국, 프랑스, 네덜란드 등이 세운 동인도회사의 각축장이었다. 그러다가 플래시 전투를 계기로 힘을 인정받은 영국은 인도를 완전히 식민지로 삼았다.

무역이라는 허울 아래, 인도에는 영국의 공산품이 대량으로 밀려들었고, 그 바람에 인도의 수공업은 급격히 몰락했다. 일자리를 잃은 수많은 수공업 노동자들이 떠돌아다니다가 굶어 죽었다. 황폐한 도시에는 수많은 시체가 나뒹굴었다. 또한 방직 원료용 면화를 영국 자본가들이 쓸어 가는 바람에 농촌도 피폐해졌다. 게다가 19세기 전반에는 일곱 차례나 기근이 들어 무려 150만 명의 인도인이 굶어 죽었다. 오죽했으면 억압 세력의 우두머리인 영국 총독의 입에서 이런 말이 나올 정도였을까?

"이렇게 비참한 광경은 처음이다. 면방직 노동자들의 백골이 인도 평원을 하얗게 뒤덮었다."

그런데도 인도인들은 참 무던한 사람들이었다. 종교적 영성에 길들여진 그들은 현세의 고통보다는 내세의 행복에 희망을 걸었다. 그래서 반백 년 남짓 수탈을 당하면서도 이렇다 할 저항을 하지 못했다.

종교 모독에 분노한 인도 용병들

하지만 너무나 오랜 수탈에 인도인들의 인내심도 바닥이 났다. 1856년경 인도인들은 '얇게 구운 떡'을 이 마을에서 저 마을로 은밀히 전달했고, 사람들은 몰래 모여서 떡을 나누어 먹으며 '성스러운 봉기'를 준비했다. 1857년 봄에는 인도의 중부와 북서부 지역 대부분이 '떡'으로 연결됐다. 더불어 예술가들은 영국 식민주의자

역사적 장면으로 생각해 보는 문화·철학

들의 만행을 폭로하는 내용의 『암남색의 거울』같은 희곡 작품을 델리, 아그라, 러크나우 등 여러 도시에서 공연하며 저항의 씨앗을 키우고 있었다. 그러나 봉기의 불길은 쉽게 타오르지 않았다.

그런 가운데 봉기의 도화선에 불을 붙인 것은 뜻밖에도 '세포이'들이었다. 영국 동인도회사는 식민지 백성을 탄압하고 반란에 대비할 목적으로 자체 군대를 거느리고 있었는데, 세포이는 그 군대에 예속된 인도인 용병을 일컫는 말이었다. 즉, 세포이는 애초에 '투철한 민족의식' 따위와는 거리가 먼, 식민지 군대의 용병들이었던 것이다. 그래서 진급에 차별을 받거나 이런저런 구실로 나날이 봉급이 줄어들어도 세포이들은 속으로만 불만을 삼킬 뿐이었다.

그런데 대부분 청교도인이었던 영국인 사관들은 종교적 우월감에 사로잡혀 세포이들의 신앙을 모욕하는 일이 잦았다. 그러던 1857년 어느 날, 돼지기름과 쇠기름을 바른 탄환이 세포이들에게 지급됐다. 당시에는 불발을 방지하기 위해 탄알에 기름칠을 했는데, 어느새 쇠기름과 돼지기름을 그것에 사용하기 시작한 것이다. 이는 곧 병기창 주변에서 소와 돼지가 무참하게 도살되고 있다는 증거였다. 그것은 소를 신성시하는 힌두교도 용병과, 돼지의 도살을 금기시하는 이슬람교도 용병 모두에게 끔찍한 일이었다. 그 때문에 델리 부근 메루트(Meerut) 시의 제3벵골기병대 병사 85명은 영국인 사관에게 몰려가서 거세게 항의했다.

"이것은 우리 종교와 신앙에 대한 모독이오. 지급받은 탄알은 쓰지 않겠으니 쇠기름과 돼지기름을 바르지 않은 탄알로 바꿔 주시오."

그러나 이들의 항의에 돌아온 대답은 '군법 회부'였다. 그들은 집단적으로 군사 재판을 받고 명령 불복종 죄로 감옥에 갇혔다. 병사들은 분노와 모욕감에 치를 떨었다. 힌두교도 병사들은 갠지스 강물을 두 손으로 받쳐 들고, 이슬람교도 병사들은 『코란』에 손을 얹고 성전(聖戰)을 맹세했다. 그리고 각 연대와 대대의 세포이들은 항쟁의 상징으로 '붉은 연꽃'을 주고받으며 결의를 다졌다.

반란의 불길이 타오르다

그리하여 1857년 5월 10일, 메루트 시의 세포이들은 항쟁의 불을 댕겼다. 무장한 세포이들은 맨 먼저 십자가가 높게 솟아 있는 장교들의 교회로 몰려가 영국군 장교들을 사살했다. 영국인들은 신을 애타게 부르며 죽어 갔다. 영국군의 지휘 계통은 순식간에 무너졌다. 그 틈을 놓치지 않고 세포이들은 군대 막사와 관청에 불을 질렀고, 감옥으로 몰려가 동료 병사들과 인도인 죄수들을 풀어 주었다.

단 하루 만에 봉기군은 메루트 시를 장악했다. 승리감에 도취된 세포이들은 수도 델리 쪽으로 공격의 예봉을 돌렸다. 그리하여 밤새 진군한 세포이들은 다음날 새벽녘에 델리에 도착했다. 어느 틈에 봉기 소식을 들은 델리의 시민과 병사들이 성문을 활짝 열어 주었고, 세포이 봉기군은 이튿날 새벽에 델리 성을 점령했다.

이미 '얇게 구운 떡'과 '붉은 연꽃'을 전달하며 결의를 한 시민들과 세포이들은 속속 봉기 대열에 가담했다. 한번 불이 붙은 인도 민중의 분노는 걷잡을 수 없을 정도로 타올랐다. 항쟁의 거센 불길은 인도 중북부 일대를 휩쓸었다. 항쟁은 종교에 대한 자존심 회복을 넘어 민족 해방 운동으로 번져 갔다. 그들은 동인도회사를 폐지하고 무굴 왕조의 바하두르 샤를 황제에 앉히려 했다. 델리 근교에서는 병사들과 농민들이 공동 투쟁을 다짐하는 회의를 열어 토지 개혁을 논의했다. 이런 과정에서 항쟁의 성격은 '반봉건' 운동으로 바뀌고 있었다.

그 무렵 이란에 진주해 있던 영국군 및 중국으로 향하던 영국군이 인도로 돌아왔다. 또한 영국은 시크 인과 구르카 인들 중에서 용병을 모집하여 반격을 준비했다. 영국군의 첫 공격은 1857년 6월 8일, 델리를 포위하면서 시작됐다. 그러자 자발적으로 모여든 4만여 봉기군이 수도 델리를 완강하게 지켰다. 3개월 동안 번번이 참패를 당했던 영국군은 증원 부대와 포 등의 많은 병력과 무기를 기반으로 맹공격을 퍼부었다. 마침내 9월 14일에는 델리 성벽이 무너지고, 치열한 시가전이 6일 동안이나 벌어졌다.

영국군은 5,000명의 병사를 희생시킨 뒤 델리를 점령하고 야만적인 대학살을 감행했다. 무굴 제국의 마지막 황제 바하두르 샤와 귀족들은 변절하여 영국군에 투항했다. 마침내 델리는 완전히 영국군의 수중에 떨어졌다. 하지만 농촌 곳곳에서 유격대가 저항을 이어 갔다. 영국 식민주의자들은 9만 병력과 대포 100여 문을 동원하여 농민 유격대를 토벌했다.

그런 가운데서도 봉기군 20만여 명은 인도 중부와 남부를 옮겨 다니며 유격전을 벌였다. 이에 영국인들은 불만의 표적이 된 동인도회사를 '인도정청'이라는 기구로 바꾸고, 얄팍한 속임수를 부리며 직접 통치를 행했다. 그와 동시에 한편으로는 유격대원 내부의 변절자를 매수했다. 영국군의 이러한 전략에 봉기군은 무너져 갔고, 그리하여 1859년 7월경에는 거의 모든 봉기군이 진압되고 말았다.

종교와 문화의 상대성 무시한 영국 식민주의자들의 보복

영국인들의 잔인한 보복이 시작됐다. 그들은 교회 하나가 파괴된 곳에서는 힌두교 사원 100개를 파괴했고, 살해된 영국인 한 명당 인도인 1,000명을 처형했다. 역사에 길이 남을 야만적인 보복이었다. 인도 전역이 시커먼 잿더미로 변했다. 하지만 인도인의 저항은 아시아 지역에 대한 영국의 식민 지배 체제에 큰 타격을 입혔다. 이에 영국인들은 마지못해 인도 문화와 관습을 존중하는 척하며 몇몇 인도인들에게 교육의 기회를 제공했다. 그리하여 수십 년 뒤에는 지성과 양심을 갖춘 민족 운동 지도자 간디가 태어날 수 있었던 것이다.

19세기 영국인들은 물질적 욕망을 채우기 위해 자신들의 신앙과 영혼을 기꺼이 팔았다. 하지만 '정신 세계'를 중시하던 당시 인도인들은 손상당한 영혼을 치유하고 신앙을 회복하기 위하여 기꺼이 육신을 던져 싸웠다.

신앙이란 현세의 고달픈 육신을 붙들고 살아가게 하는 마지막 보루다. 종교의 갈래는 중요한 게 아니다. 종교에는 우열이 없기 때문이다. 당시 영국인들이 문화의 상대성을 조금만 이해할 줄 알았다면, 그래서 **문화상대주의**의 관점에서 인도인의 정신 세계를 조금만 더 존중해 주었더라면, 수만 명의 목숨을 앗아 가는 엄청난 비극도 그 정도가 덜하였을 것이다.

문화상대주의

인류의 어떤 문화도 나름대로 존재의 이유가 있으므로·그 사회가 처한 특수한 환경과 역사적·사회적 상황에서 그 문화를 이해해야 한다는 것, 그리고 다양한 문화를 올바르게 이해하려면 그 사회의 환경과 배경을 고려해야 한다는 것이 문화상대주의이다.

문화상대주의는 서구 기독교 중심의 일방적 문화관이 지닌 한계를 극복하고, 전통 문화의 가치를 객관적으로 평가할 수 있는 시각을 제공했다. 문화상대주의를 주창한 대표적인 학자로는 루스 F. 베네딕트, 윌리엄 G. 섬너 등이 있다.

문화상대주의는 자기 문화가 남의 문화보다 우수하다고 믿는 문화배타주의나 문화절대주의, 그리고 국수주의와 자민족 중심주의에 반대한다. 더불어 문화사대주의나 문화제국주의도 문화 상대주의의 시각에서는 비판받아야 하는 대상이다.

그런데 모든 문화가 상대적인 것은 아니다. 가령 생명과 인권, 평등 등은 모든 인류에게 보편적인 가치이므로, 이것마저 문화상대주의 관점에서 보아서는 안 된다. 예컨대 지난 유신 독재 시절, 미국의 카터에게 인권 개선을 요구받은 박정희가 "서구식 민주주의 모델은 우리에게 맞지 않는다."라고 강변하며 '한국적 민주주의'를 운운했던 것은 문화상대주의의 의미를 왜곡한 궤변이었다.

세조는
실패한 실용주의자였다고?

2008년, 10년 만에 정권을 되찾았다는 한국의 보수 정치 세력이 내건 화두는 '**실용주의**'였다. 이념을 버리고 실리를 추구한다는 이 실용주의라는 것은 과정보다는 결과를 중시하는 '프래그머티즘(pragmatism)'의 한국적 표현으로, 격하게 말하자면 목적을 위해서 수단을 가리지 않을 수도 있다는 사고방식을 말한다. 국가라기보다는 자본 연합체 성격이 강한 미국에서 유행하던 철학 조류가 곧 프래그머티즘이다. 그런데 우리 역사에서 과정보다 결과를 중시하는 실용주의가 통치 이데올로기로 활용된 예는 종종 있었다. 그중 15세기 중반의 조선 왕실을 주물럭거린 세조, 즉 수양대군이야말로 원조 실용주의자이다.

권력이라는 목적 위해 모든 수단 동원한 수양대군

조선 왕조 개국 후 60여 년 동안 왕위 계승은 한 번도 순탄하게 이뤄진 적이 없었다. 그러다가 세종의 맏아들인 조선 제5대 임금 문종이 처음으로 적장자 계승을 했다. 그러나 문종은 병약하여 재위 3년을 넘기지 못하고 세상을 떠났다. 다음 왕위는 천애고아나 다름없는 열두 살짜리 단종이 잇게 되었다. 그러자 왕실에 공백이 생겼고, 그 공백을 두고 당시 조정의 간판급 중신인 우의정 김종서와 왕실의 중심 세력인 수양대군, 안평대군 사이에서는 피할 수 없는 한판 대결이 벌어졌다.

그때 조정 일각에서 섭정을 세우자는 논의가 일어났다. 능력과 기질로만 본다면 세종의 둘째 아들 수양대군이 섭정으로 단연 돋보였다. 병법과 학문을 두루 갖춘 수양대군은 일찍이 부왕인 세종 곁에서 통치 실습까지 한 인물이었다. 하지만 김종서와 황보인을 비롯한 조정 중신들은 강직하고 독선적인 수양대군의 성격이 마음에 걸렸다. 그래서 학문을 좋아하고 시·서·화에 모두 능하며 식견과 도량이 넓은 안평대군을 섭정으로 낙점했다.

드디어 의정부와 안평대군이 손을 잡았다. 안평대군은 황표정사(黃票政事 : 왕에게 올린 추천인 명단에 노란 표시를 하여 임명하던 조선 전기의 변칙적인 인사 행정 관행)를 통하여 왕의 인사권을 조종하는 막후 실력자로 떠올랐다. 물론 폐단도 있었다. 『노산군 일기』에 따르면, 황표정사로 인하여 김종서의 아들 김승규가 한 해 동안 무려 다섯 차례나 승진했다. 그러자 수양대군 쪽은 신경을 곤두세웠다. 특히 종실의 수장 격인 양녕대군은 수양대군의 권력욕을 부채질했다. 수양대군의 책사 한명회와 권남 등도 이때부터 기질을 발휘하기 시작한다.

마침내 수양대군과 그 측근들은 당시 김종서와 사이가 좋지 않았던 내금위 군관들을 끌어 모아 친위 세력을 구축했다. 그리고 1452년 말에 명나라에서 고명(誥命 : 임명, 해임 등 인사 관련 명령을 적어 본인에게 주는 문서)이 도착하자, 수양은 사은사(謝恩使 : 답례 사신)로 명에 다녀오겠다고 나섰다. 국내 상황이 불안한 와중에 장거리 출장을 자청한 것이다. 당시 수양대군은 왜 굳이 명나라 행을 고집했을까?

그것은 명의 제3대 황제 영락제와 관련이 있는 것으로 보인다. 당시 명나라는 통치 업적이 가장 뛰어났다는 영락제의 치세가 끝난 직후였다. 영락제는 일찍이 황실의 난을 평정한다는 구실로 '정난의 변'을 일으켜, 조카인 건문제를 제거하고 황제에 오른 인물이었다. 강성한 숙부와 어리고 약한 조카의 관계는 명나라나 조선이나 흡사했다. 즉, 수양은 바르지 못한 집권 '과정'을 좋은 통치 '결과'로 정당화한 영락제를 벤치마킹할 목적으로 명나라 행을 고집했던 것이다.

계유년이었던 1453년, 명나라에서 돌아온 수양대군은 스스로 '조선의 영락제'가 되기로 결심했다. 그 첫 과업은 안평대군과 의정부 중신들을 제거하는 것이었다. 때마침 안평대군이 함경도 절제사 이징옥과 연계되어 군사를 움직이고 있다는 소문이 돌고 있었다. 이징옥은 김종서와 각별한 사이였다. 이런 소문에 밑절미를 두고 책사 한명회는 생살부(生殺簿)를 작성한다. 그리고 그 피 냄새 나는 명단을 수양대군에게 넘긴다.

결과 좋아도 과정이 올바르지 않으면 굴레에서 못 벗어나

1453년 10월 10일 밤, 수양대군은 무사들을 직접 이끌고 가서 김종서와 그 아들 김승규를 죽였다. 그리고 곧장 왕명을 사칭하여 중신들을 소집했다. 아닌 밤중에 홍두깨처럼 궐문으로 모여들던 영의정 황보인, 판서 조극관, 찬성 이양 등이 어둠 속에서 철퇴를 맞고 쓰러졌다. 더불어 좌의정 정분 등 여러 관료들은 유배를 당했다. 그리고 역모의 수괴로 지목된 안평대군은 종친이라는 이유로 강화도에 유배됐다가 나중에 사약을 받았다.

하룻밤 사이에 수양대군은 영의정부사와 이조·병조판서 등을 겸하면서 정치, 군사, 인사권을 장악했다. 그런 다음 자신을 찬양하는 교서를 짓도록 집현전을 압박하고, 1455년에는 어린 단종에게서 결국 왕위를 찬탈하고 말았다. 그가 곧 조선 제7대 임금인 세

역사적 장면으로 생각해 보는 문화·철학

조이다. 세조는 친동생 안평대군에게 사약을 내렸으며, 저 유명한 사육신(死六臣)을 땅에 묻었다. 그리고 결국에는 폐위된 어린 단종마저 저세상으로 보낸다. 또한 단종 복위를 꾀한 금성대군도 죽이고, 한남군과 영풍군 같은 나머지 형제들도 모두 변방으로 내몰았다. 이른바 계유정난(癸酉靖難)이었다.

임금이 된 수양, 즉 세조는 부국강병론을 펼쳤다. 그는 의정부서사제를 폐지하고 6조직계제를 부활시켜 왕권을 강화했다. 국방력 강화를 위하여 호적과 호패제도 강화했으며, 지방을 진관 체제로, 중앙군을 5위 제도로 개편했다. 군량을 충당하기 위하여 둔전제를 시행했고, 그렇게 육성한 군사력으로 두만강 건너의 북방 개척에도 힘썼다.

특히 세조의 경제 정책에서 과전법을 폐지하고 현직 관료에게만 토지를 주는 직전법을 실시한 것은 눈여겨볼 만한 정책이었다. 이로 인하여 공신들은 죽을 맛이었겠지만, 국가 재정이 늘어나고 백성에게도 조금은 득이 되었다. 또한 세조는 궁중에 잠실(蠶室)을 두고, 『금양잡록』『잠서주해』를 간행하는 등 농업 장려 정책을 펼쳤다. 또한 『경국대전』을 비롯해 조선 헌법의 편찬 사업을 시작함으로써 왕도 정치를 구현하려 했다.

이쯤 되면 세조는 명나라 영락제에 견줄 만한 괜찮은 임금처럼 보인다. 하지만 그가 피의 정변을 일으킨 명분으로 삼았던 강력한 왕권은 그 자신의 죽음과 함께 무너지고 말았다. 이시애의 난을 진압한 1년 후인 1468년 9월 9일, 세조는 집권 14년 만에 세상을 떴다. 그 뒤를 이어 예종이 열아홉 살의 나이로 즉위했다. 세조는 죽으면서 왕실 인물인 귀성군 준을 중심으로 내각을 구성하고, 예종을 보필하라고 유언한다.

그러나 세조에게 왕관을 씌워 준 최측근 한명회와 훈구대신들은 귀성군 준을 비롯한 신진 세력을 제거하고 또다시 조정의 실권을 장악하고 만다. 게다가 예종은 즉위한 지 1년도 못 되어 세상을 떠났고, 뒤를 이어 세조의 손자 성종이 열세 살의 어린 나이로 즉위했다. 따라서 한명회 등 훈구대신들은 조정의 실권을 계속해서 장악할 수 있었다. 이 훈구대신들은 세조가 시작한 『경국대전』 등의 편찬 사업에 관여하여 자신들에게 불리한 군역 부과 조항도 무력화해 버렸다.

수양은 오직 '결과'로 말하고 싶었을 것이다. 하지만 동서양 역사를 막론하고, 숙부가 어린 조카의 왕위를 물려받는 역(逆)상속은 결코 정상적인 왕위 계승이 아니다. 따라서 그는 아무리 잘해도 '왕위 찬탈자'라는 오명을 떨칠 수 없었다. 게다가 세조는 자신을 옹립한 한명회 등 훈구대신들과의 관계에서 심각한 진퇴양난에 빠지게 된다. 세조는 그들의 영향력을 억누르면서 강력한 왕권을 행사하지만, 끝내 그들의 그늘 속에서 뛰쳐나오지도 못했다. 그래서 세종

대에 버금갈 정도로 많은 치적을 쌓았음에도 불구하고 왕으로서 그의 권위는 늘 평균치를 밑돌 수밖에 없었던 것이다. 거기에 세조의 딜레마가 있었다.

실용주의는 사적(私的) 이윤 추구를 위한 원리

역사 속에서는 이루고자 하는 목표, 즉 결과도 중요하다. 하지만 과정이 올바르지 않으면 끝내 그 굴레에서 벗어날 수 없는 법이다. 세상에 '무슨 수단을 써서라도 해야 할' 일은 없다. 무릇 모든 일에는 그에 합당한 적절한 수단과 과정이 필요한 것이다. 계유정난은 바로 그러한 진리를 보여 준 사건이었다.

도덕적 논란을 딛고 집권한 세조는 결국 실패한 실용주의자였다. 애초부터 그에게는 '실용'은 없고 권력 찬탈에 대한 '욕망'만 있었던 까닭이다. 실용주의는 이윤 추구를 위해 존재하는 기업 경영의 논리이지 결코 국가 경영 논리는 아니다. 오늘날 미국이 부자들에게는 한없이 관대하고 약자에게는 더없이 냉혹한 부실 국가로 전락하고 있는 것 역시 프래그머티즘의 영향이라 할 수 있을 것이다. 21세기 벽두에 여러 가지 도덕적 논란을 딛고 '실용주의'를 들고 나온 한국의 보수 집권 세력들. 그들은 그 '관대함'이 부러웠던 것일까, 그 '냉혹함'에 군침이 돌았던 것일까? 아니면 둘 다 부러웠던 것일까?

실용주의

　현대 미국의 대표적 철학 흐름인 프래그머티즘을 말한다. 미국의 철학자 찰스 샌더스 퍼스(Charles Sanders Peirce, 1839~1914)가 창시했고 윌리엄 제임스가 전 세계에 퍼뜨렸으며, 20세기 초에 조지 허버트 미드와 존 듀이가 더욱 구체화했다.

　퍼스의 이론에 따르면 개념이란 '그 개념이 만들어 내는 실제적인 결과'에 지나지 않는다. 따라서 행위나 실험을 통하여 실재되지 않은 개념은 무의미한 관념일 뿐이고, 그런 관념은 아예 철학적 논의 대상도 되지 못한다고 한다. 이 방법을 논리학에 끌어들인 제임스는 "어떤 개념도 그것이 유용한 결과를 초래한다면 진리"라고 말한다. 그것은 '쓸모 있는 것은 모두 진리'라는 유용설(有用說), 즉 인간 생활이나 행위에 유용한 것만이 진리라는 주장으로 변질된다. 한마디로 실용주의는 과정보다는 결과를 중시하는 철학이다.

스텐카 라진은 어떻게 항일 독립군에게 전설이 되었을까?

어떤 역사는 **전설**(傳說)이 된다. 전설은 말 그대로 '전해 내려오는 이야기'를 이르는 말이다. 요즘은 영어에 목을 매는 시대라 흔히 '레전드(legend)'라고도 한다. 달리 말하면 그것은 '과거에서 찾은 희망'이라 할 수 있다. 사람이 사는 곳에는 어디나 전설이 있다. 시골 마을에는 동구 밖 서낭당이나 당산에 얽힌 전설이 필시 한두 개쯤 전해 온다. 대학 캠퍼스에도 후배들의 입에 길이 오르내리는 '살아 있는 전설'의 주인공인 선배가 한두 명쯤 있다.

일제 강점기였던 1900년대 초반에 항일 독립군들의 가슴 속에도 살아 꿈틀거리는 전설이 있었다. 그 전설의 주인공은 스텐카 라진(Stepan Timofeyevich Razin, 1630~1671)이었다. 그래서 그 위대한 전사들은 항일 투쟁의 의지를 다지며 이런 노래를 불렀다.

넘쳐 넘쳐 흘러가는 볼가 강 물 위에
스텐카 라진 배 위에서 노래 소리 들린다
페르시아의 영화의 꿈 다시 찾은 공주의
웃음 띤 그 입술에 노랫소리 드높다.
동평 저쪽 물 위에서 일어나는 아우성
교만할손 공주로다, 무리들은 주린다
다시 못 올 그 옛날의 볼가 강 물 흐르고
꿈을 깨친 스텐카 라진, 장하도다! 그 모습

러시아에 반란의 불길을 지핀 스텐카 라진

항일 독립군들이 즐겨 불렀다는 이 노래는 본래 러시아 전통 민요로, 1980년대 초에 포크 가수 이연실이 번안곡으로 불러 일반인에게도 널리 알려졌다. 사뭇 애달프고 구슬픈 이 노래 속에는 17세기 중엽 러시아 온 땅을 톺고 지나간 반란의 불길과, 그 반란의 주동자 스텐카 라진의 전설이 고스란히 담겨 있다. 게다가 전설의 주인공 스텐카 라진의 비극적인 사랑이 노랫말을 더욱 비장하게 만든다. 그리하여 1980년대에도 스텐카 라진은 의식이 깨인 대학생들에게 전설이 됐다. 수백 년간 전해 오는 노랫말의 주인공 스텐카 라진. 그는 누구일까?

서유럽에서 자본주의가 한창 발달하고 있던 17세기 중엽에도 러시아는 여전히 농노제가 시행되는 낙후한 봉건 국가였다. 농노들은 한 달의 절반 정도는 영주의 직영지에서 일했고, 나머지 절반의 시간 동안에 자신의 소작지를 간신히 경작하고 있었다. 그러나 그나마 소작지에서 거둔 수확의 절반 이상은 지주에게 바쳐야 했을 뿐 아니라 영주를 위한 온갖 허드렛일도 농노들의 몫이었다. 이중 삼중의 수탈을 견디다 못해 몰래 도망친 러시아 농노들은 남동쪽 국경 근처의 카자크(Kasak)에 합류했다.

카자크는 터키어로 '자유인'을 뜻한다. 이들은 개간한 땅에 농사를 짓거나 숲에서 사냥을 하며 살았다. 더불어 인접한 터키나 페르시아 유목민의 침입에 대비하여 강력한 무장을 갖추었다. 이들은 한때 러시아에 군사력을 제공하여 특권을 누리기도 했지만, 나중에는 러시아 정부의 간섭에 불만을 품고 무력으로 봉기하게 된다. 이때 카자크의 우두머리가 바로 스텐카 라진이었다.

1630년경에 비교적 부유한 카자크 집안에서 태어난 그의 원래 이름은 '스테판'이었다. 하지만 정의감이 투철한 그는 풍족한 생활을 저버리고 가난한 카자크들과 함께 어울렸다. 그러면서 비칭(卑稱)인 '스텐카'로 불리기 시작했다.

1667년, 스텐카 라진은 카자크 무리를 이끌고 볼가 강 줄기를 따라 카스피 해를 경유해서 우랄 강 중류까지 거슬러 올라갔다. 그리고 야이크라는 도시에서 근위대를 무찌르고, 대상인과 귀족들에게서 빼앗은 식량과 옷, 보석 등을 주변 농민들에게 골고루 나누어 주었다. 농민들은 스텐카 라진을 구세주로 믿고 따랐고, 가는 곳마다 농민들이 무리에 새로 가담했다.

2년여에 걸쳐 스텐카 라진은 볼가 강 하류에서 카스피 해에 이르는 지역을 초토화했다. 따르는 무리가 점점 불어나서 더 많은 식량과 물자가 필요했다. 물자를 얻는 방법은 오로지 약탈뿐이었지만, 이미 그들은 러시아의 거의 모든 지역을 휩쓸고 난 뒤였다. 고심하던 스텐카 라진은 페르시아로 눈을 돌렸다. 물론 그것은 상당히 위험한 일이었지만, 사기가 절정에 오른 카자크 무리는 거침없이 공격에 나섰다.

"가자, 보물 창고 페르시아로!"

사랑하는 공주를 강물에 집어 던지다

1670년, 카스피 해의 검은 물결을 가로질러 페르시아로 진격한 스텐카 라진의 군대는 승승장구하여 막대한 전리품을 얻었다. 더불어 페르시아에 포로로 끌려가 노예가 된 러시아인들도 구출했고, 아름다운 페르시아 공주까지도 인질로 잡아 오는 성과를 올렸다.

스텐카 라진은 농민들의 전설이 됐다. 영주의 지배 아래서 신음하던 러시아 농민들은 서로 은밀하게 속삭이며 스텐카 라진을 기다렸다. 그렇게 희망을 품은 농민들은 스스로 봉기를 일으켰고, 농민 봉기는 볼가 강과 돈 강 지역으로 급속히 번져 갔다. 곳곳에서 카자크와 연대한 농민들이 영주를 습격하여 노예 문서를 불태워 버렸다. 스텐카 라진은 농민들에게 진정한 구원자였다.

그의 군대는 1만여 명으로 불어났다. 1670년, 스텐카 라진과 카자크 무리는 볼가 강 유역의 볼고그라드와 아스트라한을 점령하고 자치 기구를 설립했다. 이때 스텐카 라진의 마음속에서는 한층 더 성숙한 역사 의식이 싹터 올랐다. 약탈만으로는 가난한 농민들을 다 구할 수 없다는 사실을 깨달은 것이다. 그는 결국 농노제를 폐지하고 농민에게 토지를 나누어 주어야 한다고 생각하기에 이른다. 그것은 결국 차르 황제와의 싸움을 뜻했다.

스텐카 라진은 드디어 도적질이 아닌 '반란'의 행군을 시작했다. 그리하여 볼고그라드, 사라토프, 사마라 등의 큰 도시를 차례로 굴복시켰다. 이 도시들은 튼튼한 성과 신형 무기로 방어하고 있었지만 성 안에 있는 수비대와 주민들이 스스로 문을 열어 주기도 했다. 농민과 도시민, 그리고 하급 병사들까지 반란군의 대열에 가담했다. 그들 앞에는 어떤 적도 없는 듯이 보였다.

그러나 이때 한 가지 문제가 반란군의 발목을 붙들었다. 성격이 까다로운 페르시아 공주와 스텐카 라진이 사랑에 빠지고 말았던 것이다. 그러자 공주의 오만한 성격에 불만을 품은 일부 반란군이 반발을 했다. 사랑하는 공주가 동지들 사이에서 분란의 씨앗이 되고 있다는 사실을 깨달은 스텐카 라진은 곤혹스러웠다. 사랑을 택하자니 동지가 울고, 동지를 택하자니 사랑을 버려야 했다. 고심하던 라진은 결국 동지를 택했다. 그리고 강물 위에서 비장한 낯빛으로 외쳤다.

"공주를 강물에 집어 던져라! 공주를……."

속으로 눈물을 삼키던 스텐카 라진은 차마 말을 맺지 못하고 고개를 돌렸다. 이윽고 공주의 처절한 비명 소리와 함께 '풍덩' 하는 소리가 울려 퍼졌다. 사랑하는 공주를 볼가 강에 던져 버린 뒤 스텐카 라진은 분위기를 수습하며 외쳤다.

"가자, 모스크바로!"

마침내 반란군은 차르 왕조가 버티고 있는 모스크바로 향했다. 1670년 10월, 심비르스크(현재의 울리야노프스크) 근처에서 정부군과 큰 싸움을 벌이던 나흘째 되는 날, 앞장서서 적을 공격하던 스텐카 라진은 머리에 총탄을 맞아 큰 부상을 당하고 말았다. 라진의 부상으로 주춤하는 사이에 전세는 완전히 역전됐다. 잘 훈련된 황제의 군대는 카자크와 농민들을 무자비하게 살육했다.

농민들의 영웅 스텐카 라진은 머리에 피를 흘리며 볼가 강 하류 쪽으로 도망쳤다. 정부군이 스텐카 라진을 추격해 왔다. 돈 강 쪽으로 도망치던 스텐카 라진은 다시 카자크들을 결집해 반격할 생각으로 한 마을에 숨어들었다. 그런데 이미 대세가 기울었음을 안 카자크들은 라진의 행방을 밀고해 버렸다. 1671년 4월, 그렇게 붙잡힌 전설의 영웅 스텐카 라진은 모스크바로 호송됐다.

시대와 국경을 넘어, 억압받는 이들의 전설이 되다

그로부터 두 달 뒤, 최대한 잔인한 방법으로 처형하라는 황제의 명령에 따라 스텐카 라진의 손과 발과 목이 차례로 잘려 나갔다. 그의 몸에서 흐른 피가 모스크바 광장을 홍건하게 적셨고, 구름처럼 몰려든 군중은 스텐카 라진의 최후를 지켜보며 마음속으로 눈물을 흘렸다.

살아 있는 전설의 주인공인 스텐카 라진을 기다리며 영주의 학대를 견디던 농노들은 절망했다. 하지만 한 가지 소문이 산들바람처럼 들려왔다. 스텐카 라진이 처형 직전에 탈출하여 어딘가 숨어 있다는 것이었다.

농민들 가슴에는 다시 한 가닥 희망이 피어올랐다. 그들은 현실이 고통스러울 때면 스텐카 라진이 오기를 기다리며 조용히 노래를 불렀다. 물론 영웅은 다시 오지 않았지만, 그에 대한 전설만은 농민들 가슴 속에 여전히 살아 있었다. 그 전설과 노래는 농민들의 입에서 입으로 수백 년 동안 이어졌다. 그리고 그것은 마침내 국경을 넘어 만주 벌판을 내달리는 항일 독립군들에게 전해졌고, 그로부터 반백 년 뒤에도 대학생들의 '레전드'가 되었던 것이다.

한편 스텐카 라진이 사랑하는 공주를 물속에 집어 던진 것을 두고 말들이 많다. 오늘날 로맨스 중독자들은 "그건 사랑이 아니야."라고 말한다. 그런데 당시 페르시아 공주는 스스로 미인계를 자초하며 스텐카 라진을 따라나선 첩자였다는 설이 있다. 스텐카 라진은 페르시아 공주를 과연 사랑했을까? 또 공주는 그를 진심으로 사랑했을까? 참 부질없는 질문이다. 다만 위대한 전설의 주인공이 진정으로 사랑한 것은 바로 가난과 핍박에 시달리던 러시아 농민이었을 것이라는 점만은 분명하다.

전설

전설은 공식적으로 기록된 역사가 아니라 사람들의 입에서 입으로 전해 오는 이야기이다. 하지만 신화와 달리 전설에는 나름대로 역사성이 있기 때문에 그 증거물이나 매개체가 실존하는 경우가 많다. 실존 인물이 전설의 주인공이 되기도 하고, 건축물이나 나무, 바위, 강처럼 구체적인 사물이 전설의 매개물이 되기도 한다.

'살아 있는 전설'이라는 말은 어떤 집단에서 그리 오래지 않은 과거에 기이한 행적을 많이 하여 사람들의 시선이나 관심을 끌었던 사람을 주로 칭하는 표현이다. '죽은 전설'이든 '살아 있는 전설'이든, 사람들이 전설을 간직하는 이유는 자신이 속한 집단이나 지역에 역사성과 함께 경외감을 부여하려는 심리가 있기 때문이다. 전설을 통해 집단이나 지역의 구성원들은 한층 더 견고해진 소속감과 상호 연대감을 가질 수 있다.

정약용의 목숨을 구한 것은 중용의 묘였다고?

다산 정약용(1762~1836)의 사상
을 연구하는 학자들은 흔히 "다산(茶山) 사상은 '다산(多山)'과 같
다."고 말한다. 그의 사상 세계가 여러 봉우리로 이어진 커다란 산
줄기와도 같아서, 평생을 두고 그 사상의 숲을 헤매어도 그 전체
모습을 가늠하기 어렵다는 뜻이다. 그렇듯 정약용의 사상 세계는
높고, 깊고, 넓다. 그런데 그 밑절미가 되는 사상이 곧 『중용(中庸)』
이다. 『중용』은 중국 노나라 철학자인 자사(子思, B.C. 483~B.C. 402)
의 제자들이 쓴 책으로, 그가 지은 『자사자(子思子)』 첫 편을 바탕으
로 하여 그 제자들이 진(秦), 한(漢)대 무렵에 완성한 것으로 전한다.

1784년 여름, 정조는 성균관 유생들에게 『중용』에 관한 70가지

질문을 내리고 이에 대한 답안을 작성하게 했다. 당시 성균관 유생이었던 정약용은 이때 자신과 사돈지간이자 서학(西學)에 눈을 뜨게 해 준 벗인 이벽과 조목별로 토론을 하여 답안을 작성했다. 이때 정약용은 인간과 사물의 본질적 차이에 대해 독자적인 해석을 내렸다. 그것은 『중용』에 대한 기존의 성리학적 해석을 뛰어넘는 것이었고, 그는 그것에 '중용강의'라는 이름을 붙였다. 그에 대해 정조는 다음과 같이 극찬했다.

"성균관 유생들 대답이 모두 거칠지만, 오직 정약용의 답은 특이하다. 그는 분명 식견이 있는 선비일 것이다."

중용은 다산 사상의 거처이자 원류

이처럼 『중용강의』는 다산이 서학, 즉 천주교 교리에 자극을 받아 『중용』을 새롭게 해석한 경전 해설서이다. 정약용 사상의 거처이자 원류라 할 수 있는 『중용강의』는 주자학에서 실학으로 넘어가는 세계관 변화의 대마루가 된 저서이기도 하다. 또한 그것은 한국 사상사에 새로운 이정표를 세운 저작물이었다. 정약용 스스로도 그 첫 저서에 꽤나 애착을 가졌던 모양이다. 그래서 부친상을 치르던 1793년에 그 수정본을 내고, 그로부터 20년이 지난 1814년에는 이를 다시 수정, 보완하여 『중용강의보』를 완성했다.

한편 정약용은 자신의 삶 속에서도 중용을 지켰다. 1800년, 백성의 스승이 되기를 자처했던 인텔리 군주 정조가 세상을 떠난 뒤 열한 살 순조가 등극했다. 정조가 둘러쳐 준 울타리 안에서 동서양 사상을 접하며 실학의 꽃을 피우던 남인 계열의 시파(時派) 선비들은 위태로운 처지가 됐다. 그러던 1801년 1월, 어린 임금 뒤에서 수렴청정을 하게 된 대왕대비 정순대비는 피를 부르는 법령 하나를 반포한다.

> 오늘날 사학(邪學)이라 일컫는 것은 아비도 없고 임금도 없어 인륜을 파괴하고 교화에 배치되어 저절로 짐승이나 이적(夷狄)에 돌아가 버린다. 엄하게 금지한 뒤에도 개전의 정이 없는 무리들은 마땅히 역률(逆律)에 의거하여 처리하고 각 지방의 수령들은 오가작통(五家作統)의 법령을 밝혀서 그 통에 만약 사학의 무리가 있다면 통장은 관에 고해 처벌하도록 하는데, 당연히 코를 베어 죽여서 씨도 남지 않도록 하라.

오가작통이란 다섯 가구를 한 통으로 묶어 백성끼리 서로 천주교도를 감시하게 하는 제도이다. 원래 조선 성종 1년인 1485년에 한명회가 처음 발의한 것이었는데, 다섯 가구를 한 통으로 묶어 호구를 밝히고 이를 범죄자 색출, 조세 징수, 부역 동원 등에 이용했다. 더불어 법을 지키지 않았을 때는 다섯 가구가 연대 책임을 져야 했다. 1958년에 북한은 이를 '5호 담당제'로 계승하여 주민 생활 전반에 걸친 감시와 세뇌 교육 방법으로 활용하기도 했다. 오가작통법은 그만큼 이웃을 불신하게 만드는 고약한 제도였다.

당시 조선의 위정자들은 이처럼 주민 통제 제도를 활용하여 천주교도를 본격적으로 박해하기 시작했다. 그리고 이 무서운 피바람이 몰아치던 1월 19일, 다산 정약용의 손위 형 정약종은 천주교와 관련된 문서와 성물(聖物) 따위를 책 상자에 담아 몰래 도성 밖으로 운반하다가 그만 포교에게 들키고 말았다. 이른바 '서급(書笈 : 등에 지고 다니도록 만든 책 상자) 사건'이다. 이 사건으로 다산 정약용은 둘째 형 정약전과 더불어 죽을 위기에 처하게 됐다.

형과 임금 사이에서 중용의 도 지킨 다산

2월 9일, 사헌부에서는 "이가환, 이승훈, 정약용 등이 사학(邪學)의 소굴"이라며 이들을 처형해야 한다는 대계(臺啓), 즉 공소장을 올렸다. 그리고 국문(鞫問 : 국청에서 형장을 가하여 중죄인을 신문하는 일)이 시작됐다. 이때 형리는 정약용에게 형 약종의 죄상을 아는 대로 진술하라고 다그쳤다. 참으로 난감한 상황이었다. 형을 보호하자니 자신도 위험해지고 법을 속이는 일이었다. 반대로 형의 죄상을 들추어내면 자신에게는 유리하지만 천륜을 저버리는 일이었다. 신하의 도리와 형제의 도리 사이에서 고민하던 정약용은 마침내 입을 열었다.

"위로 임금을 속일 수도 없고, 또한 아래로 아우가 형의 죄를 증언할 수도 없소. 형이 죽음을 피할 수 없다면 오직 한 가지, 죽음만이 있을 뿐이오. 내게는 잘못된 형이 한 분 있지만, 형제 사이 천륜은 애초에 무거운 것이니 어떻게 나 혼자 선하다고 하겠소? 함께 죽여 주기를 바라오."

그러면서 정약용은 자신은 천주교와는 일찍이 관계를 끊었고 이어 형님을 선도하려 했으나 그가 끝내 듣지 않았다고 결백을 주장하면서 공소장의 범죄 내용을 부인했다. 죽을 때 죽더라도 억울한 누명은 쓰지 않겠다는 것이었다. 실제로 정약용은 스물셋 무렵에 천주교에 입교했다가, 과거 공부에 몰두하던 20대 후반부터는 천주교를 멀리하고 있었다. 어쩌면 그에게 서학은 자신의 사상 체계를 완성하는 데 필요한 한 가지 재료일 뿐이었을지 모른다.

다산이 법정에서 진술한 내용은 사람들의 입에서 입으로 전해졌다. 그야말로 훌륭한 모범 답안이라는 칭찬이 자자했다. 그가 중용의 도리를 지킨 까닭이었다. 시인도 부인도 하지 않는 어정쩡하고 소극적인 태도가 아니었다. 정약용은 설령 제 목숨이 위태로워진다 하더라도 부인할 것은 부인하고 시인할 것은 시인하는 태도를 보였다. 그것이 곧 중용이다. 중용에는 용기가 필요한 것이다.

한편 정약종이 압수당한 서급에서는 정약용이 천주교를 멀리하고 있음을 보여 주는 몇 가지 물증이 나왔다. 예컨대 형 약종이 교우에게서 받은 편지에 "자네 아우(정약용)가 알지 못하게 하게나." 와 같은 내용이 있었던 것이다. 그리하여 형 약종은 신앙을 지키다가 순교를 했지만 정약용은 겨우 목숨을 건질 수 있었다.

하지만 한때 천주교에 입교했던 흔적까지 지울 수는 없었다. 그래서 다산은 경상도 장기현으로 유배를 당했다. 그리고 그해 겨울 저 유명한 '황사영 백서' 사건의 여파로 다시 옥에 갇혀 모진 국문을 당한 뒤, 전라도 강진 땅으로 기약 없는 유배 길을 떠나게 됐다. 이때 정약용이 가장 믿고 따르던 둘째 형 정약전도 절해고도 흑산도로 유배됐다.

다산은 사람의 욕심과 이성이 가슴 속에서 싸우게 되면 욕심을 누르고 이성의 지배를 받으라고 말했다. 그것이 중용이다. 『논어』의 「선진(先進)」 편에는 '과유불급(過猶不及)'이라는 말이 나온다. 지나친 것이나 미치지 못하는 것이나 다를 바 없다는 뜻이다. 공자가 말한 과유불급은 어느 한쪽으로 치우침이 없는 상태, 즉 중용을 말한다. 중용은 군자의 도리로서, 극한으로 치닫지 않는 삶의 태도를 말하는 것이다.

중용은 사회 양극화 푸는 열쇠

중용은 뜨뜻미지근하고 소극적인 태도가 아니다. 대립하는 세상사에 눈 감아 버리는 것이 아니라, 자신이 살고 있는 시대 요구에 가장 잘 부합하는 것이다. 따라서 중용의 길은 정성스러움이다. 더불어 중용은 중독에 반대되는 개념이다. 재물과 권력, 목숨, 외모, 향락 따위에 지나치게 집착하는 것도 중독이다. 그래서 그런 것들에서 벗어나는 것이 진정한 중용이다.

그런데 사실 '중용의 도'라는 것은 개인의 인성에만 해당되는 것이 아니다. 사회에도 중용의 도가 필요하다. 중용이 무너진 사회의 사람들은 무한 경쟁 속에서 탐욕을 추구하게 된다. 이미 가진 돈이 차고 넘치는 재벌 기업이라도 더 많은 이윤을 얻기 위해 애를 쓰며 하청 중소기업과 노동자들의 허리를 조인다. 중용의 도를 지키지 못하는 국가 권력 또한 재벌 기업들에게 관대하되 서민들에게는 냉혹하다.

오늘날 우리 사회의 가장 큰 문제로 떠오른 **사회 양극화** 현상이 바로 그것에서 비롯됐다. 사회 양극화는 돈에 중독된 사회가 필히 맞이할 수밖에 없는 운명이다. 따라서 오늘날 사회 양극화를 푸는 열쇠는 바로 중용이다. 그런데 넘치지도 모자라지도 않게 사는 것은 지극한 정성과 자기희생이 필요한 일이다. 임금과 형 사이에서 중용을 지키기 위하여 목숨까지 내놓은 다산의 중용 정신은 그래서 더욱 값지다.

사회 양극화

　'양극화'는 사전에서 '서로 점점 더 달라지고 멀어짐'으로 풀이
되어 있는데, 흔히 소득 격차를 일컫는 말로 쓰인다. 2000년 이후
우리나라의 소득 격차를 보면, 상위 10퍼센트의 평균 소득은 하위
10퍼센트 평균 소득의 아홉 배 정도에 달한다. 경제적으로 중간
계층이 무너지는 가운데, 부자는 더욱 부자가 되고 가난한 사람은
상대적으로 더욱 가난해지는 현상이 나타나고 있는 것이다.

　이와 같은 사회 양극화 현상은 시장 지상주의에 따른 신자유주
의 경쟁 체제에서 비롯된다. 상품은 물론 자본과 노동까지 국경
을 넘나드는 체제에서, 충분한 규모와 경쟁력을 갖추어 수출 여
건이 좋은 몇몇 주류 업종은 날로 번창하지만, 그렇지 못한 비주
류 업종은 사양길을 걷는다. 그로 인하여 업종 간 양극화가 발생
한다. 또한 기업 활동에 대한 규제가 완화되어 대기업과 중소기
업 사이에도 양극화가 심화되고, 나아가 지역과 지역 사이에 양
극화를 초래하기도 한다.

피카소의 벽화 속에는
내전의 참상이 살아 있다?

2002년 11월 뉴욕 크리스티 경매장의 현대 미술 이브닝 세일에서 한 미술 작품이 715만 9,500달러에 낙찰됐다. 낙찰받은 주인공은 미술관을 운영하는 한국 여성이었다. 당시 환율로 환산하면 우리나라 돈으로 약 86억 원에 이르는 이 그림의 제목은 '행복한 눈물'. 마치 그토록 비싼 가격에 팔려 나갈 것을 예견하여 붙인 이름 같다. 하지만 이 '행복한 눈물'은 몇 년 뒤에 우리나라에서 어느 재벌 가문의 재산 상속과 비자금 사건에 휘말려 수난을 당함으로써 역설적인 이름이 되고 말았다. 물론 그 과정에서 더욱 유명해지는 바람에 지금쯤은 그 가격이 서너 배는 뛰었을 것이라고 보는 이도 있다.

'행복한 눈물'은 로이 리히텐슈타인(Roy Lichtenstein, 1923~ 1997)의 1964년 작품이다. 그림 속에는 웃는 듯, 우는 듯 괴상한 표정으로 눈물을 흘리는 한 여성의 얼굴이 클로즈업되어 있다. 마치 흔한 만화의 한 컷 같다. 그렇다. 실제로 이 그림은 만화 이미지를 1제곱미터쯤 되는 정사각형 화폭에 확대한 것이라고 한다. 어찌 보면 모방의 극치를 넘어 원작 만화를 완전히 베낀 작품이다. 그런데 그 그림 속에 도대체 얼마나 심오한 메시지와 감동이 있기에 그토록 엄청난 가격에 팔린 것일까?

뉴욕 출신의 리히텐슈타인은 전통 미술과 대중 예술의 경계를 무너뜨리며 대중 소비 사회를 비판한 팝 아티스트(대중 미술가)로 유명하다. 그는 미국의 대중 만화를 주된 작품 소재로 삼았다. 만화의 특징은 밝은 색채와 단순화된 형태, 뚜렷한 윤곽선, 기계적인 인쇄로 생긴 점(dot)들인데, '행복한 눈물'은 만화 특유의 그러한 기법이 돋보이는 작품이다. 일상적 소재를 판에 박아 보여 준 작품이지만, 작가는 그 속에 대량 복제 상품의 비밀을 담았다고 한다. 표현상으로는 어떤 개성도 없지만 발상만은 참신하다. 그것이 예술적 모방과 표절의 차이라고 말한다면 억지일까?

스페인 내란의 참상을 화폭에 담은 피카소

우리에게는 뒷맛이 개운치 않은 '행복한 눈물' 이야기는 이쯤에서 접고, 진정으로 예술이 현실을 어떻게 반영하는지를 보여 주는 그림 속으로 들어가 보자.

찢어진 깃발 아래 주검을 부여안고 울부짖는 여인, 길바닥에 쓰러진 시체들, 상처를 입고 목을 비트는 말, 그리고 무심한 눈빛을 흘리고 있는 소…….

화가 피카소의 유명한 작품 '게르니카(Guernica)'에는 이런 참혹한 형상들이 복잡하게 뒤얽혀 있어서 보는 이의 속을 불편하게 한다. 비극적 상징들을 통하여 전쟁의 공포를 드러내는 동시에 민중의 분노와 슬픔을 격정적으로 표현했기 때문이다. 흰색과 검은색, 황토색의 단순한 배색은 비극적 느낌을 더욱 고조시킨다. 그리하여 '스페인 내란'이라는 역사적 비극을 압축적으로 보여 준다.

스페인 내란이란 1936년 2월 스페인 제2공화국 인민전선의 공화제 정부가 들어서자 그해 7월 파시스트 프란시스코 프랑코(Francisco Paulino Franco, 1892~1975) 일당이 일으킨 내란을 말한다. 정치와 종교의 분리, 농지 개혁 등의 정책을 내건 공화제 정부는 중산층과 노동자, 농민의 열렬한 지지를 받았다. 그러자 교회, 왕당파, 귀족의 지지를 등에 업은 군부 파시스트 프랑코가 모로코 주둔군을 이끌고 반란을 일으킨 것이었다.

스페인 내란 당시 공화제 정부를 지지했던 피카소는, 이처럼 전쟁이 빚은 스페인 민중의 슬픔과 분노를 가로 7.8미터, 세로 3.5미터의 거대한 벽화 '게르니카'로 그려 냈다. 스페인 북부의 작은 지방 도시 게르니카에서 벽화보다 더 참혹한 일이 실제로 일어났던 것이다.

1937년 4월 26일, 그날은 마침 게르니카의 장날이어서 사람들이 많았다. 장이 파할 무렵인 오후 4시경, 갑자기 하늘에서 굉음이 울리며 독일 전투기 편대가 나타나 가로수 우듬지를 스칠 만큼 낮게 날면서 폭격을 시작했다. 시민들은 놀라서 이리저리 도망쳤다. 그런 시민들 머리 위로 총탄이 소나기처럼 쏟아져 내렸다. 오후 내내 무차별 폭격이 계속되었고, 도시는 불타올랐다. 밤이 되자 게르니카 상공은 벌겋게 물들었다.

건물이 무너져 내리고, 거리에는 불에 탄 시체와 잿더미가 쌓였다. 얼굴이 시커멓게 그을린 사람들이 울먹이면서 시체들을 수습했다. 그러나 그 일도 쉽지 않았다. 곧 군부 파시스트 프랑코의 병사들이 나타나서 시체를 거두어 불에 태워 버렸기 때문이다. 그들은 자신들이 저지른 추악한 만행의 흔적을 지우려 애썼던 것이다. 그렇게 게르니카에는 며칠 동안 살이 타는 냄새가 진동했다.

조지 오웰, 내전 체험을 창작 모티브로 삼아

그로부터 이틀 뒤, 게르니카의 끔찍한 참상은 온 세계에 알려졌다. 그러나 파시스트들은 자신들이 저지른 일을 부인했다. 몇 주

뒤에는 영국에서 진상 조사단이 들어왔지만, 이미 게르니카의 흔적들은 지워진 다음이었다. 조사단은 게르니카 시를 간단히 둘러본 다음 조사 결과를 이렇게 발표했다.

"공산주의자들이 게르니카를 계획적으로 방화했다."

2년 반에 걸쳐 계속된 스페인 내란은 파시스트 반군과 인민전선 양측에 모두 100만여 명의 사상자를 냈다. 이처럼 스페인 내란이 엄청난 희생을 치르게 된 것은 이 전쟁이 사회주의 세력과 독일, 이탈리아 등 국제 파시스트 연합 세력 간의 국제전으로 번졌기 때문이었다. 당시 독일과 이탈리아 등 파시즘 국가들은 반란군을 지원했고, 소련과 코민테른은 국제 의용군을 보내 공화제 정부를 지원했다. 정치 풍자 소설로 유명한 영국의 작가 조지 오웰(George Orwell, 1903~1950)도 이때 의용군으로 참가했다가 파시스트 반란군이 쏜 총탄을 맞기도 했다. 오웰은 자신이 체험한 내전의 참상을 이렇게 적고 있다.

커다란 폭음이 울렸고, 눈을 멀게 할 정도의 섬광이 온몸을 감쌌다. 그리고 엄청난 충격이 내 몸을 훑고 지나갔다. 통증은 없었지만 마치 전기에 감전된 것 같은 격렬한 충격을 느꼈다. 동시에 온몸에서 기운이 쑥 빠지면서 마치 몽둥이에 세게 얻어맞은 듯이 아무 정신이 없었다. 다음 순

간 다리에서 힘이 빠져나가면서 '쿵' 하는 소리와 함께 나
는 땅바닥에 쓰러졌다. 머리가 먼저 바닥에 닿았지만 다행
히 큰 상처는 없었다.

오웰은 그 체험을 바탕으로『동물농장』과『1984년』등 전체주의
에 대한 강력한 경고를 담은 소설을 집필했다. 두 작품은 나중에
세계적인 베스트셀러가 됐다.

한편 1939년 1월, 파시스트 반군은 무력으로 바르셀로나를 점
령했고, 3월 28일에는 수도 마드리드에 입성했다. 이로써 스페인
내전은 독일·이탈리아의 풍부한 무기와, 국내 왕당 세력의 물적
지원에 힘입은 파시스트 세력의 승리로 끝났다. 그렇게 탄생한 것
이 바로 프랑코 독재 정권이다.

그렇게 권력을 움켜쥔 독재자 프랑코는 1939년 10월

조지오웰

피카소

내가 존재하는
세계에 이런 비극이
있다니 참을 수가
없어요.

국가 주석을 겸한 총사령관에 취임했다. 프랑코는 제2차 세계내전 중에 독일과 이탈리아 등을 지원했다. 그리하여 종전 후에는 국제적으로 고립될 위기에 처하기도 했다. 하지만 권력욕에 눈이 먼 프랑코는 1947년에 마침내 종신 국가 주석이 됐다.

파시스트들은 내전의 흔적을 지우려 애썼다. 하지만 내전의 참상은 피카소의 벽화 속에 살아남았다. 또 오웰의 소설 속에서도 시간을 초월하여 여전히 강력한 메시지를 발산하고 있다. 문학과 예술 작품 속에 역사와 현실이 반영되어 있는 예이다. 그렇다면 예술가는 현실을 어떻게 작품 속으로 끌어 오는 것일까?

예술의 원리는 '존재하는 세계에 대한 사랑'

아리스토텔레스는 『시학』에서 "예술은 인간의 자연스러운 충동인 모방에서 발생된 것"이라고 했다. 하지만 아리스토텔레스가 말한 모방은 남의 작품을 베끼거나 흉내 내는 것이 아니라 자연이나 사물, 사람이 지닌 성격과 감정 따위를 예술로 '전유(傳諭)'하는 것을 뜻한다. 거기에는 '아름다운 것'도 있고 '추한 것'도 있다. '숭고한 것'도 있고, '비속한 것'도 있다. 예술가는 이 네 가지 미적(美的) 대상 가운데서 창작의 소재를 끌어 온다. 그것은 비극으로 표현되기도 하고 희극으로 나타나기도 한다. 피카소는 스페인 민중이 당한 참상을 한눈에 볼 수 있는 화폭에 담아냈다. 그렇게 파시스트들이 저지른 추악한 만행을 벽화 속에 비극적으로 그려 넣은 그는 사람들에게 묻는다. "자, 봐라. 이 비극을 누가 책임질 것인가?"라고.

이러한 메커니즘에 대해 프랑스 시인이자 비평가인 폴 발레리는 "사자는 양을 잡아먹고 소화해서 된 짐승"이라고 했다. 모방과 창작에 대한 매우 함축적인 이 은유는, 화폭이나 원고지에 역사적 현실이 어떻게 담기는지를 명쾌하게 보여 준다.

예술가는 역사적 현실을 작품에 반영한다. 물론 그들에게는 의도적으로 그 현실을 외면할 자유도 있다. 하지만 보편적 인간에 대한 사랑을 간직한 예술가라면 스페인 내란과 같은 현실을 비껴갈 수는 없을 것이다. 예술가가 현실을 반영하는 원리는 바로 '존재하는 세계에 대한 사랑'이기 때문이다.

'게르니카(Guernica)'

피카소가 전쟁의 비극성을 표현한 대형 벽화. 게르니카는 1937년 스페인 내란 중 프랑코를 지원하는 독일의 무차별 폭격으로 인해 폐허가 된, 스페인 바스크 지방의 작은 도시 이름이다. 그해에 열린 파리 만국 박람회를 앞두고 피카소는 스페인관(館)의 벽화 제작을 의뢰받았는데, 때마침 조국의 비보를 접하고 한 달 반 만에 이 벽화를 그린 뒤 '게르니카'라고 이름 붙였다. 벽화는 유럽에 순회 전시되며 큰 반향을 일으켰지만, 파시스트 프랑코 정권은 피카소가 공화제 정부의 지지자라는 이유로 그림 반입을 거부했다. 그 바람에 '게르니카'는 뉴욕 근대 미술관에 대여 형식으로 보관되다가 1981년에야 스페인에 반환되어 마드리드의 프라도 미술관에 소장됐다. 그리고 이듬해에 소피아 왕비 미술 센터로 옮겨진 뒤 현재까지 그곳에 소장되어 있다.

역사적 장면으로 생각해 보는 문화·철학

257

삼별초는 정말 호국정신만으로 뭉쳤던 걸까?

해방된 지 60년도 넘은 지금, 친일 **과거사 청산**을 두고 말들이 많다. 친일 부역자 대부분이 무덤 속에 들어가 있는 마당에 굳이 어두운 과거를 들추어내야 하느냐면서 덮어 두자는 목소리도 들린다. 또한 아무리 친일 행적을 한 인사라도 그들의 공과(功過)를 함께 논해야 한다는 말도 있다. 하지만 양식 있는 사람들 대다수는 지금이라도 과거사를 철저히 규명해야 한다고 말한다. 굳이 이 시대에 이미 지나간, 게다가 어둡기까지 한 과거사를 꺼내어 청산해야만 하는 이유는 무엇일까?

그것은 역사가 인과 관계(因果關係) 속에서 발전하거나 퇴보하기 때문이다. 어떤 사실과 다른 사실이 서로 원인과 결과의 관계에 있을 때, 이를 인과 관계라고 한다. 세상에 존재하는 모든 사물과 과정, 체계, 사건들 사이에는 필연적으로 그것을 발생시키는 근거가 있다. 역사에서도 마찬가지이다. 그것은 고려 시대 '구국 항쟁의 화신'으로 알려진 삼별초의 대몽 항전에서도 나타난다.

과거제는 문치를 낳고, 문치는 무신 정권을 낳다

고려는 광종 이후 과거 제도를 실시했다. 과거제는 문치(文治) 시대를 낳았다. 그리하여 유교적 통치 이념에 밝은 문신들이 권력을 장악했다. 하지만 문(文)을 지나치게 숭상하고, 무(武)를 천시하는 편협한 '문치'는 무신들의 비위를 긁어 대기에 충분했다. 급기야 인종 대에는 무신 교육 기관인 무학재(武學齋)가 폐지됐다. 게다가 묘청의 난으로 말미암아 무신들은 더욱 멸시를 받았다.

울분을 삼키던 무신들이 본격적으로 칼을 뽑은 것은 문신들의 교만이 극에 달한 의종 때였다. 예컨대 당시 김부식의 아들은 아버지의 권세를 믿고 정중부의 수염을 촛불로 태워 버리기도 했다. 의종이 보현원으로 행차했을 때는 어느 젊은 문신이 대장군의 뺨을 후려친 일도 있었다. 이에 분노한 정중부는 이의방·이고 등과 함께 문신들 목을 닥치는 대로 날려 버렸다. 1170년, 정중부는 마침내 의종을 거제도로 쫓아 버리고, 허수아비 임금 명종을 세웠다.

그 후에도 무신들은 서로 반목하며 칼부림을 했다. 무신 정권은 정중부에서 경대승으로, 그리고 다시 이의민으로 이어졌다. 이의민은 다시 1196년에 최충헌 형제에게 살해됐고, 정권을 장악한 최충헌은 명종을 폐위시키고 신종·희종·강종에 걸쳐 세 임금을 입맛대로 갈아 치웠다. 고려 천하는 최씨 일가 소유나 마찬가지였다. 이와 같은 최씨 일가의 무단 통치는 최우·최항·최의 등 4대에 걸쳐 62년간이나 펼쳐졌으며, 그 폐해는 이만저만한 것이 아니었다. 그들은 전국에 농장을 확대하고, 숱한 백성을 노비로 만들었다. 흉년이 들어 굶어 죽는 사람이 속출했으며, 살아남은 백성들은 곳곳에서 민란을 일으켰다. 그야말로 암흑 시대였다. 게다가 최우가 집권한 1231년부터는 몽골 침략이 시작됐다. 최씨 정권은 강화도로 피했다. 숱한 백성들이 뭍에서 몽골군에 저항하는 동안, 권력자들은 안전지대에서 향락을 즐겼다.

고종 45년인 1258년에 김준과 유경이 최의를 살해함으로써, 영원할 것 같았던 최씨 무단 통치도 막을 내렸다. 무신 집권 90여 년 만에 형식적으로 왕정이 복고된 것이다. 하지만 김준은 측근 임연의 칼에 맞아 죽었고, 임연과 그 아들 임유무가 다시 무신 통치를 이어 갔다.

한편 그 무렵 고려 원종은 몽골의 끈질긴 요구에 못 이겨 원나라 수도 연경에 입조하게 됐다. 원나라에 대한 충성을 확인시켜 주기 위해서였다. 그런데 원종이 자리를 비운 사이에 무신 임연은 강화도에서 새 임금을 세우려 했다. 반란이었다. 하지만 이미 대세는 몽골 침략자와 손잡은 원종 쪽으로 기울어 있었다. 마침내 원종은 40년에 걸친 강화도 피난 시대를 마감하고 개경 환도를 결정했다. 그 과정에서 임연이 죽고 그 아들 임유무가 권력을 계승했다.

1270년 5월, 몽골군의 지원을 받아 귀국길에 오른 원종은 강화도에 사람을 보내 환도를 명했다. 그러나 임유무는 명을 거부하고, 왕의 군사에 맞설 준비를 했다. 하지만 원종의 밀명을 받은 홍문계, 송송예 등이 삼별초를 회유하여 임유무 등을 처단했다. 이로써 옹근 100년간 왕권을 농락하던 무인 시대는 완전히 막을 내렸다.

그런데 막상 개경 환도가 확정되자 삼별초는 동요했다. 삼별초는 1219년에 최충헌의 아들 최우가 방범과 치안 유지를 위해 설치한 야별초에서 발생한 군대였다. 그 뒤 군대 규모가 커지자 이를 좌별초·우별초로 나누었고, 여기에 몽골 포로가 되었다가 탈출한 병사들로 조직된 신의군을 더하여 삼별초라 불렀다.

왕을 사이에 두고 몽골과 반대편에 선 삼별초는 왕실의 명에 고분고분 따르려 하지 않았다. 삼별초의 분위기가 심상치 않자 원종은 해산령을 내리고 그들의 명부를 거둬 오라고 명했다. 그 명부가 몽골군에 넘어가는 날이면 목숨이 온전치 못할 터였다. 삼별초 지휘관들은 마침내 생사의 기로에 섰다. 앉아서 죽을 것인가, 아니면 독립된 왕국을 세워 싸울 것인가? 결국 삼별초는 자신들의 나라를 세우기로 결정했다.

강력한 해상 왕국 건설의 꿈을 펼치다

강화도가 온통 환도 준비로 들떠 있던 1270년 6월 초하루, 배중손과 노영희 등이 이끄는 삼별초군은 왕에게 반기를 들었다. 그들은 승화후 온을 왕으로 추대하고, 순식간에 강화도에 대한 지배권을 확보했다. 그 순간 고려에는 두 왕국이 존재하게 됐다. 하나는 100년간 무신 정권의 칼끝에 농락당하다가 몽골과 제휴한 왕국이었고, 다른 하나는 무신 정권이 무너진 뒤 갈 곳 없어진 삼별초가 스스로 세운 왕국이었다.

그로부터 이틀 뒤 삼별초의 대 선단은 강화도를 떠나 진도로 향했다. 진도를 새 왕국의 거점으로 정한 것은, 우선 강화에서 멀리 떨어져 있다는 지리적인 이점 때문이었다. 그러나 더 큰 이유가 있었다. 당시 진도·강진·보성 등 전라도 남해안 일대에는 최씨 정권이 소유한 농장이 몰려 있었던 것이다. 게다가 진도는 경상도와 전라도의 세곡(稅穀 : 나라에 조세로 바치는 곡식)이 서울로 운송되는 길목이었다. 운송 중인 세곡을 빼앗아 군량으로 쓰는 동시에 개경 정부를 압박할 수 있는 전략 요충지가 바로 진도였던 것이다.

강화를 떠난 지 두 달 반 만에 진도에 이른 삼별초 정부는 용장사라는 절을 접수하여 임시 왕궁으로 삼았다. 그리고 인근에 산성을 쌓고 관아를 세워 전시 도읍의 면모를 갖췄다. 그런 다음 어엿한 왕국으로서 매우 역동적인 활동을 펼쳤다. 그들은 고려의 정통

정부임을 자처하면서, 일본과 외교를 펼치기도 했다. 더불어 지금의 마산·김해·부산·거제·장흥·나주 등 남해안 일대를 점거하면서 해상 왕국을 이루었다.

1270년 11월에 이르러 삼별초군은 개경 정부의 영향권에 있던 제주도마저 장악했다. 이에 여·몽 연합군은 삼별초 토벌에 나선다. 이때 삼별초는 소규모 전투에서 연달아 승리하여 지나친 자신감을 가지고 있었다. 그러던 1271년 5월, 여·몽 연합군은 좌·우·중 3군으로 나뉘어 세 방향에서 진도를 공격했다. 김방경과 혼도는 중군을 이끌고 진도의 관문인 벽파진으로 들어가 삼별초 주력군을 유인했다. 그 틈에 홍다구가 이끄는 좌군과 우군은 용장성 배후와 측면을 공격했다. 예상치 못한 기습 공격에 삼별초 군대는 혼란에 빠져 허둥대다가 완패했다. 이 과정에서 배중손과 승화후 온도 목숨을 잃었다.

김통정은 살아남은 일부 군사를 이끌고 제주도로 후퇴했다. 몽골군은 제주도에 초유사를 파견하여 회유하는 한편으로 무력 공격을 퍼부었다. 한동안 일진일퇴가 거듭되다가 1273년 4월에 전함 160여 척으로 구성된 연합군이 김방경과 흔도의 지휘 아래 총공격을 퍼부었다. 마침내 제주도 삼별초마저 섬멸됐다. 김통정은 70여 명의 병사와 함께 산 속으로 피했다가 스스로 목숨을 끊었다.

삼별초가 궤멸되면서 40년에 걸친 고려의 대몽 항전은 막을 내렸다. 그래서 우리 역사는 삼별초의 마지막 항전을 몽골에 대항한 호국 자주 정신의 절정으로 본다. 고려 왕실이 몽골에 스스로 합병되었을 때 대몽 항쟁의 깃발을 들고 위대한 호국 자주 정신을 표출했다는 것이다. 물론 삼별초가 몽골과 항쟁한 마지막 군대인 것은 맞다. 그렇다면 삼별초는 과연 처음부터 호국 자주 정신으로 무장한 군대였을까?

일반적인 역사서에는 몽골 침략 초기부터 곳곳에서 '별초(別抄)'군이 몽골군에 대항하여 싸웠다는 기록이 자주 보인다. 그런 이유로 우리는 삼별초가 일찍부터 호국 정신으로 무장하고 몽골에 대항하여 용감히 싸운 것으로 알고 있다. 하지만 당시 '별초'란 '임시로 조직된 선발군'이라는 뜻의 일반 명사였다. 즉, 모든 별초를 삼별초와 동일시할 수는 없는 것이다.

과거사 청산은 역사적 인과 관계에 따른 것

고려 초기는 호족과 개국 공신들의 세상이었다. 그 결과로 과거 제도가 도입됐다. 과거 제도는 문신을 득세시켰고, 그렇게 형성된 문치주의는 역설적이게도 무신 정권 탄생의 원인이 됐다. 그 결과 무신들의 활약에 정나미가 떨어진 왕실 세력은 다시 외세와 결탁했다. 그것이 무신 정권의 전위대 삼별초를 몽골과 대척점에 서게 만든 원인이었다. 무릇 역사 속에서 원인은 결과가 되고, 결과는 다시 원인이 되어 또 다른 결과를 낳는 것이다.

이처럼 역사는 인과 관계의 변증법에 따라 진행한다. 굳이 어두운 역사를 들춰내어 과거사 청산을 해야 하는 이유도 여기에 있다. 100여 년 전에 조선 내 기회주의자들을 매수한 일본의 제국주의 세력은 간단한 서류 몇 장만으로 조선을 식민지로 합병시켰다. 조선의 무능한 통치자들이 나라를 통째로 갖다 바친 것이다. 그 결과 조선은 만 35년간이나 일본의 식민 지배를 받다가 1945년 8월에 해방을 맞이했다. 하지만 그것은 진정한 의미의 해방이 아니었다. 일본 제국주의는 물러갔지만, 그들과 한통속이 되어 민족사에 피를 칠한 친일 매국 세력을 철저히 청산하지 못했기 때문이다.

물론 해방 직후 제헌 의회는 '반민족행위특별조사위원회(反民族行爲特別調査委員會, 약칭 반민특위)'를 만들어 과거사 청산을 시도했다. 그러나 일제 대신 미군정이라는 든든한 후원자를 둔 친일 세력의 폭압적인 방해에 부딪혀 반민특위는 와해되고 말았다. 그리하여 청산되지 못한 친일파에 뿌리를 둔 세력이 60여 년이 지난 오늘날까지도 기득권층을 이루고 있는 것이다. 원나라와 결탁해 삼별초의 항쟁을 무력으로 진압한 고려 왕실의 과거사는 100년 후 조선이 들어선 뒤에야 비로소 청산됐다. 거기에 비추어 보면, 일제 강점기 친일의 역사를 청산할 수 있는 시간은 아직도 40년이나 남아 있다. 그래서 친일 과거사 청산은 지금 진행 중이다.

반민족행위특별조사위원회

　일제 강점기 35년간 자행된 친일파의 반민족 행위를 처벌하기 위해 1948년에 설치된 특별 기구. 약칭 '반민특위'라고도 한다. 반민특위는 민족 반역자·부일 협력자·전범 등을 대상으로 총 682건을 조사하여 특별 검찰부에서 280건을 기소했다. 영장 발부 건수는 408건, 검거 건수는 모두 305건이었다. 특별 검찰 재판부에 송치된 것은 총 570건인데, 그중 재판이 종결된 것은 40건, 실형이 언도된 것은 고작 12건에 불과했다. 그나마 실형을 받은 자들도 1950년 한국 전쟁이 발발하면서 모두 풀려나고 말았다. 정권의 비호를 받은 친일 경찰이 1949년 6월 반민특위 사무실에 난입하는 등 폭력적인 방해 공작을 자행함으로써 반민특위를 무력화한 결과였다. 그것을 '대한 정치 공작대 사건'이라고 한다.

　결국 반민특위 활동은 실패했다. 해방 후에도 권력 주변에 친일파들이 득세했고, 국회에도 친일 세력들 상당수가 잔존해 있었기 때문이었다. 사실 8·15 해방은 반쪽의 독립에 지나지 않는다. 또한 청산하지 못한 역사가 원인이 되어 남한만의 단독 총선, 단독 정부 수립, 남북 분단이라는 결과를 낳은 것이다.

박남일의
역사 블로그

초판 발행 | 2008년 7월 4일
2쇄 발행 | 2009년 6월 15일

지은이 | 박남일
펴낸이 | 심만수
펴낸곳 | (주)살림출판사
출판등록 | 1989년 11월 1일 제9-210호

주소 | 413-756 경기도 파주시 교하읍 문발리 파주출판도시 522-2
전화 | 031)955-1350   기획·편집 | 031)955-1387
팩스 | 031)955-1355
이메일 | book@sallimbooks.com
홈페이지 | http://www.sallimbooks.com

ISBN 978-89-522-0938-2   03900

책임편집·교정 : 장윤정

값 11,000원